Coleção **Legado da Fé**

Respostas à ORAÇÃO

Publicações Pão Diário

Respostas à ORAÇÃO

por

George MÜLLER

Editora Geral: Lore Ferguson Wilbert

Originally published in English under the title
Read and reflect with the classics: Answers to Prayer, by George Müller
Copyright © 2017 by B&H Publishing Group
Nashville, TN 37234 U.S.A

Coordenação editorial: Dayse Fontoura
Tradução: Elisa Tisserant de Castro
Revisão: Adolfo A. Hickmann, Dayse Fontoura, Dalila de Assis, Lozane Winter, Thaís Soler
Projeto gráfico e capa: Audrey Novac Ribeiro
Diagramação: Denise Duck Makhoul

Dados Internacionais de Catalogação na Publicação (CIP)

Müller, George (1805–98)
Respostas à oração
Tradução: Elisa Tisserant de Castro — Curitiba/PR, Publicações Pão Diário
Título Original: *Read and reflect with the classics: Answers to Prayer*
1. Prática da oração   2. Vida cristã   3. Fé   4. Espiritualidade

---

Proibida a reprodução total ou parcial sem prévia autorização por escrito da editora. Todos os direitos reservados e protegidos pela Lei 9.610, de 19/02/1998. Permissão para reprodução: permissao@paodiario.org

Exceto quando indicado o contrário, os trechos bíblicos mencionados são da edição Revista e Atualizada de João F. de Almeida © 2009 Sociedade Bíblica do Brasil.

Publicações Pão Diário
Caixa Postal 4190
82501-970 Curitiba/PR, Brasil
publicacoes@paodiario.org
www.publicacoespaodiario.com.br
Telefone: (41) 3257-4028

Código: QF376
ISBN: 978-65-87506-31-9

1.ª impressão: 2021

Impresso no Brasil

SUMÁRIO

Carta ao leitor 7

Capítulo 1:
Início e primeiros dias do trabalho
com órfãos 9

Capítulo 2:
Os novos orfanatos em Ashley Down 49

Capítulo 3:
Preciosas respostas à oração 67

Apêndice A:
Cinco condições para a
oração prevalente 133

Apêndice B:
A leitura cuidadosa e consecutiva das
Escrituras Sagradas 135

Apêndice C:
Provando a aceitável vontade
de Deus 141

Carta ao leitor

Como muitos que cresceram na igreja, eu ouvia a história sobre o orfanato de George Müller e, com certa frequência, uma em particular. Conta-se que, certa feita, Müller colocou as crianças sentadas à mesa do orfanato, ainda que não houvesse pão em seus pratos ou leite em seus copos. Enquanto agradeciam a Deus pela refeição, chegou uma entrega surpresa de pães e leite; o suficiente para alimentá-los todos até estarem satisfeitos. Sempre que eu ouvia essa história, ela estava sendo comparada à dos pães e peixes, em que Jesus multiplicou o suficiente para alimentar milhares de pessoas, e ainda sobrou. Contudo, o que é ímpar com relação à história de Müller, é que dificilmente havia sobras: Deus sempre provia *exatamente o suficiente*.

Quem, entre nós, não desejou muito além da provisão de Deus em algum momento da vida? Somos gratos pelo que temos, mas acreditamos que uma casa maior, um carro melhor ou um orçamento menos apertado facilitaria as coisas. Temos certeza de que, para servir a Deus plenamente, devemos estar em condições de darmos daquilo que transborda e não da escassa provisão do dia de hoje. Isso me faz pensar nos israelitas que recebiam o maná no deserto diariamente, o suficiente para o dia, nada mais, exceto no dia anterior ao sábado quando lhes era dada porção extra apenas para que pudessem obedecer a Deus e guardar o sábado. Deus, em Sua bondade, fornecia o *suficiente* para o dia e somente lhes concedia mais para que o obedecessem e o adorassem. Müller confiava em Deus; não perfeitamente, nem sempre sem alguma dúvida e não para que pudesse receber mais bênçãos financeiras para si. Ele tinha fé porque acreditava que a Palavra de Deus era verdadeira e que seu chamado para obedecer era certo.

Em *Respostas à oração*, o leitor observará de perto as inserções e os excertos do diário de George Müller. Hoje em dia podemos considerar esse diário como um caderno de gratidão ou uma contabilização de bênçãos. Para George Müller, tratava-se de uma prova de que Deus respondia às suas orações e, havendo qualquer dúvida, tinha essas referências para rever, das quais podia se lembrar e se alegrar com elas. Müller entendia que, se Deus não lhe concedesse fundos, terra, prédios ou alimento, havia alguma razão para que fossem retidos, algum plano de Deus maior e mais detalhado que Müller não conseguia vislumbrar com seu intelecto humano e sua fé, algumas vezes, aparentemente sobrenatural. Ele entendia verdadeiramente que, se não tinha algo é porque não precisava daquilo, ainda que sentisse em seu dia a dia anseios prementes. George Müller não era alguém sem necessidades, mas também não era alguém sem Deus.

Espero que você leia este pequeno livro de memórias com tanto esmero quanto nós tentamos fazê-lo. Lembre-se e alegre-se de todos os momentos em que Deus proveu exatamente o suficiente para você fazer o que Ele lhe chamou para fazer.

Capítulo 1

INÍCIO E PRIMEIROS DIAS DO TRABALHO COM ÓRFÃOS

...para que, uma vez confirmado o valor da vossa fé, muito mais preciosa do que o ouro perecível, mesmo apurado por fogo, redunde em louvor, glória e honra na revelação de Jesus Cristo. —1 PEDRO 1:7

George Müller, o fundador de *New Orphan Houses* (Novos Orfanatos), em Ashley Down, Bristol — instituições que têm sido, por muitos anos, um dos maiores monumentos dos tempos modernos ao Deus que responde orações —, fornece em *A Narrative of Some of the Lord's Dealings with George Müller* (Uma narrativa de alguns acordos de Deus com George Müller), volume I — livro tremendamente valioso e instrutivo —, entre muitas outras, as seguintes razões para estabelecer um orfanato:

"Certas vezes, percebia que os filhos de Deus eram assombrados na mente pela perspectiva da velhice, quando já não estariam mais aptos para trabalhar. Sendo assim, eram assediados pelo medo de precisarem recorrer a um abrigo para pobres. Nessas ocasiões, caso eu argumentasse o quanto o Pai Celestial sempre socorre aqueles que colocam sua confiança nele, eles nem sempre chegavam, eventualmente, a ponto de declarar que hoje os tempos são outros, mas, ainda assim, ficava bastante evidente que Deus não era considerado por eles como o Deus VIVO. Meu espírito frequentemente ficava abatido diante disso, e eu ansiava por colocar algo diante dos filhos de Deus pelo qual pudessem constatar que o Senhor não abandona, ainda em nossos dias, aqueles que dele dependem.

"Outra classe de pessoas eram os irmãos no mundo dos negócios, que sofriam em sua alma e traziam culpa em suas consciências por administrarem seus negócios praticamente da mesma forma que os não convertidos. A concorrência de mercado, os tempos difíceis, o país populoso, eram alguns dos motivos indicados para justificar que, caso o negócio fosse gerido simplesmente de acordo com a Palavra de Deus, não se poderia esperar que fosse bem-sucedido. Eventualmente, um irmão empresário expressava o desejo de que pudesse estar em situação diferente, mas muito raramente vi que *ele se posicionava por Deus, que estava reverentemente determinado a confiar*

Início e primeiros dias do trabalho com órfãos

no Deus vivo e a depender dele para que a sua boa consciência pudesse ser mantida. A essa classe, igualmente, eu desejava demonstrar, por prova visível, que Deus é imutavelmente o mesmo.

"E ainda havia outra classe de pessoas, indivíduos em profissões em que não podiam permanecer com boa consciência, ou pessoas que estavam em uma posição não bíblica em referência às coisas espirituais; mas ambas as classes temiam, em razão das consequências, abrir mão da profissão que as impedisse de permanecer com Deus, ou ter que abandonar sua posição para que não ficassem desempregados. Meu espírito ansiava por ser instrumento para fortalecer a fé deles, dando-lhes não apenas exemplos da Palavra de Deus, da disposição e habilidade do Senhor em auxiliar todos aqueles que dele dependem, mas também de *demonstrar-lhes, por meio de provas*, que Deus é o mesmo em nossos dias.

Eu bem sabia *que a Palavra de Deus deve ser suficiente,* e era, pela graça, suficiente a mim; mas, ainda assim, considerava que deveria estender a mão a meus irmãos de alguma forma, e seria pela prova visível da imutável fidelidade do Senhor que eu fortaleceria as mãos deles em Deus. Pois lembro-me de grandes bênçãos que minha alma recebeu por meio das ações do Senhor para com o Seu servo A. H. Franke, que, em dependência somente do Deus vivo, fundou um enorme orfanato que eu vira muitas vezes com meus próprios olhos. Portanto, considerei-me obrigado a ser servo da Igreja do Senhor exatamente no aspecto em que eu obtivera misericórdia, a saber: *em poder confiar em Deus por Sua palavra, e disto depender.*

Todos esses exercícios de minha alma, que resultaram do fato de tantos cristãos com quem convivi serem assediados e perturbados em sua mente, ou sentirem a consciência culpada pelo fato de não confiarem no Senhor, foram utilizados por Deus para despertar em meu coração o desejo de estabelecer diante da igreja em geral, e diante do mundo, uma prova de que Deus não havia mudado sequer um milímetro. Sendo assim, pareceu-me que isso seria melhor demonstrado fundando um orfanato. Precisava ser algo que pudesse ser visto pelos olhos naturais. Ora, se eu, um homem pobre, obtivesse os meios para fundar e manter um orfanato, simplesmente pela oração e fé, *sem pedir a nenhum indivíduo,* haveria algo que, com a bênção do Senhor, poderia ser instrumento no fortalecimento da fé dos filhos de Deus, além de ser um testemunho à consciência dos não convertidos, sobre a realidade das coisas de Deus.

Essa, então, foi a primeira razão para fundar o orfanato. Eu certamente desejava em meu coração ser usado por Deus para beneficiar o físico das pobres crianças enlutadas pela perda de ambos os pais e buscar em outros aspectos, com o auxílio do Senhor, fazer-lhes o bem nesta vida. Eu também ansiava, em especial, por ser usado por Deus para instruir os queridos órfãos no temor do Senhor; mas, ainda assim, o primeiro e principal objetivo do trabalho era (e ainda é): que Deus pudesse ser engrandecido pelo fato de que os órfãos sob meu cuidado têm provisão de tudo o que precisam apenas pela *oração e pela fé* sem que eu ou meus colegas trabalhadores façamos pedido algum a ninguém; e por meio disto se possa ver que Deus é AINDA FIEL e AINDA OUVE ORAÇÕES. Tem ficado inegavelmente provado, desde novembro de 1835, que eu não estava errado, tanto pela conversão de muitos pecadores que leram os relatos que foram publicados em conexão com esse trabalho, como também pela abundância de frutos que surgiram em seguida no coração dos santos, pelo que, do profundo de minha alma, desejo ser grato a Deus, a quem a honra e a glória por tudo isso são devidas apenas a Ele, mas que eu, por Seu auxílio, posso atribuir a Ele."

"Abre bem a boca"

No relato escrito por Müller, em 16 de janeiro de 1836, a respeito do orfanato que se pretendia fundar em Bristol, em associação à *Scriptural Knowledge Institution for Home and Abroad* (Instituição para promoção e conhecimento das Escrituras), lemos:

"Quando, já posteriormente, os pensamentos de fundar um orfanato em dependência do Senhor foram reavivados em minha mente, eu, durante duas semanas, apenas orei para que, sendo do Senhor, Ele o concretizasse; mas que, se Ele não se agradasse de graciosamente fazê-lo, que removesse todos os pensamentos sobre isso de minha mente. Minha incerteza sobre conhecer o que se passava na mente do Senhor não surgiu do questionar se era ou não agradável aos olhos dele, ou se o orfanato seria um abrigo e local de educação bíblica para crianças destituídas de pai e mãe, mas se seria a vontade de Deus que eu fosse o instrumento para colocar em curso tal obra, posto que minhas mãos já estavam mais do que cheias. Meu consolo, entretanto, era que, sendo vontade do Senhor, Ele proveria não somente os meios, mas também indivíduos qualificados para cuidarem das crianças, de modo que minha parte do trabalho tomaria apenas uma porção do meu tempo, o qual eu, considerando a importância da questão, daria não obstante meus muitos comprometimentos. Durante todo o tempo das duas semanas, jamais pedi ao Senhor dinheiro ou pessoas para se comprometerem com esse trabalho.

"Em 5 de dezembro, contudo, o tema de minha oração repentinamente se tornou diferente. Eu estava lendo o Salmo 81 e fui especialmente surpreendido, mais do que em qualquer momento anterior, pelo versículo 10: "...*Abre bem a boca, e ta encherei*". Pensei por algum momento sobre essas palavras e então fui levado a aplicá-las ao caso do orfanato. Fui surpreendido por nunca haver pedido ao Senhor nada referente ao orfanato, exceto saber qual era Sua vontade com relação a ser fundado ou não; e então caí de joelhos e abri bem minha boca pedindo muito a Ele. Pedi em submissão à Sua vontade e sem estabelecer um tempo em que Ele deveria responder à minha petição. Orei para que Ele me desse uma casa; fosse como empréstimo, ou que alguém fosse levado a pagar o aluguel de uma casa, ou que uma casa me fosse dada permanentemente para esta obra. Depois, pedi a Ele 1.000 libras[1] e, igualmente, que houvesse indivíduos qualificados para cuidar das crianças. Além disso, tenho sido levado, desde então, a pedir ao Senhor que coloque no coração do Seu povo que me enviem artigos de mobília para a casa e algumas roupas para as crianças. Enquanto fazia essa petição, tive plena consciência do que estava fazendo: eu estava pedindo algo que não tinha perspectiva natural de obter de irmãos a quem conhecia, mas que não era demais para que o Senhor concedesse.

"10 de dezembro de 1835. Na manhã de hoje, recebi uma carta em que um irmão e uma irmã escreveram o seguinte: 'Nós nos apresentamos para o serviço deste pretendido orfanato, caso o senhor nos considere qualificados para isto. Também abrimos mão de toda a mobília e demais coisas que Deus nos deu, para o uso do orfanato; e assim o fazemos sem receber salário algum, crendo que, se for a vontade do Senhor nos empregar, Ele suprirá todas as nossas necessidades.'"

"13 de dezembro. Um irmão se determinou, no dia de hoje, a doar quatro pence[2] por semana, ou dez libras e oito pence anualmente, desde que o Senhor lhe proveja os meios. Oito pence foram doados por ele, como adiantado ao valor de duas semanas. Hoje, um irmão e uma irmã

---

[1] A libra esterlina ou simplesmente libra é a moeda oficial do Reino Unido (União política de Escócia, Inglaterra, Irlanda do Norte e País de Gales). É considerada uma das moedas mais valorizadas do mundo.

[2] O pence é o centavo de libra. É importante frisar que o poder de compra desses valores era muito maior no século 19 do que é hoje em dia.

ofereceram-se, com toda a sua mobília e todas as provisões que têm em casa, caso possam ser proveitosamente empregados nas questões do orfanato."

Um Grande Encorajamento

"17 de dezembro. Eu estava bastante abatido na noite passada e, nesta manhã, com a situação, questionando se deveria ou não estar comprometido desta forma. Fui levado a pedir ao Senhor que me desse encorajamento adicional. Logo depois, foram enviadas por um irmão duas peças de tecido, uma com 7 jardas[3] e outra com 23 ¾ jardas, 6 ¾ jardas de tecido de algodão, quatro peças de linho, em torno de 4 jardas ao todo, um lençol e uma fita de medidas. Hoje à noite, outro irmão trouxe um varal para roupas, três vestidos, quatro babadouros, seis lençóis, três colchas, um cobertor, dois saleiros de metal, seis colheres de chá de metal. Ele também trouxe três xelins[4] e seis pence ofertados a ele por três indivíduos diferentes. Ao mesmo tempo, ele me disse que fora colocado no coração de um indivíduo para enviar 100 libras amanhã."

Mil libras

"15 de junho de 1837. Hoje me entreguei mais seriamente à oração com relação ao restante das 1.000 libras. À noite

---

[3] Unidade de medida de comprimento utilizado em alguns países de cultura inglesa. Uma jarda equivale a 0,914 metros ou a aproximadamente 91 centímetros.

[4] Um xelim equivalia a 12d (pence) ou 1/20 de libra: havia 240 pence antigos para uma libra, antes de o Reino Unido adotar o sistema decimal em 15 de fevereiro de 1971. Depois disso, o xelim foi substituído pela nova moeda de cinco pence.

Início e primeiros dias do trabalho com órfãos

nos foram doadas cinco libras, de modo que agora toda a soma está completa. Para a glória do Senhor, a quem pertenço e a quem sirvo, afirmaria novamente que cada xelim deste dinheiro e todos os artigos de vestuário e mobília que foram mencionados nas páginas precedentes, foram-me doados *sem que um único indivíduo recebesse de mim pedido algum.*"

Órfãos para o orfanato

Em uma terceira declaração, contendo o anúncio da abertura do orfanato para meninas desamparadas e uma proposta de fundação de um orfanato para infantes, que foi vinculada ao jornal em 18 de maio de 1836, Müller escreveu: "Até onde lembro, levei em minhas petições diante do Senhor até mesmo as circunstâncias mais ínfimas concernentes aos orfanatos, estando consciente de minha própria fraqueza e ignorância. Houve, contudo, um ponto sobre o qual nunca havia orado, a saber, que o Senhor enviasse crianças; pois eu naturalmente subestimei o fato, pensando que haveria número considerável de inscrições. Entretanto, quanto mais se aproximava o dia designado para o recebimento de inscrições, mais eu tinha a consciência secreta de que o Senhor poderia frustrar minhas expectativas naturais e mostrar-me que eu não conseguiria prosperar em um único aspecto sem Ele. O momento designado chegou, e nenhuma única inscrição fora efetuada. Eu havia, antes disso, sido tentado repetidamente a pensar se eu, no fim das contas, não estaria comprometido com este trabalho contra a vontade do Senhor. Tal circunstância me levou a prostrar-me diante de meu Deus em oração durante toda a noite de 3 de fevereiro e a examinar meu coração mais uma vez com relação a todos os motivos concernentes a ele. Fui assim capaz, como outrora, de dizer que a glória do Senhor era minha *meta primordial* — para que se pudesse ver que não é algo vão confiar no Deus vivo —, que minha *segunda meta* era o bem-estar espiritual dos órfãos e a *terceira* seu bem-estar físico. Ainda continuando em oração, fui finalmente levado ao estado em que pude dizer, *de coração*, que deveria alegrar-me no fato de que Deus fosse glorificado nessa questão, mesmo que fosse pelo *tornar tudo aquilo em nada*. No entanto, ainda assim, no fim das contas, pareceu-me existir maior tendência em trazer glória a Deus na criação e prosperidade do orfanato, e eu pude então pedir a Ele sinceramente que enviasse inscrições. Depois disso, desfrutei de um estado sereno com relação à questão e fui também mais asseverado do que nunca de que assim Deus o estabeleceria. *Exatamente no dia seguinte*, 4 de fevereiro, a primeira inscrição foi feita e desde então mais 42 se seguiram."

"Apenas para hoje"

Mais adiante, quando havia quase 100 pessoas a serem mantidas e os recursos estavam reduzidos a quase 20 libras, Müller escreveu:

"22 de julho de 1838. Hoje à noite, eu estava caminhando em nosso pequeno jardim e meditando em Hebreus 13:8 — 'Jesus Cristo, ontem e hoje, é o mesmo e o será para sempre'. Enquanto meditava em Seu amor, poder e sabedoria imutáveis e que a tudo transforma, conforme eu prosseguia, em oração concernente a mim e enquanto aplicava igualmente Seu amor, poder e sabedoria imutáveis às minhas circunstâncias presentes, tanto espirituais como temporais, a necessidade atual do orfanato foi trazida repentinamente à minha mente. De imediato, fui levado a dizer a mim mesmo: Jesus, em Seu amor e poder, tem, até o momento, suprido o que tenho precisado para os órfãos e, no mesmo amor e poder imutáveis, Ele proverá o que posso precisar para o futuro. Um fluir de alegria veio à minha alma enquanto eu consequentemente percebia a imutabilidade de nosso adorável Senhor. Em torno de um minuto depois, uma carta me foi trazida contendo uma nota de 20 libras. Nela estava escrito: 'Aplique o montante da nota aqui contida no avanço de objetivos de sua Sociedade de Conhecimento das Escrituras (*Scriptural Knowledge Society*), ou de seu Orfanato, ou na obra e causa de seu Mestre de qualquer forma que Ele próprio, em sua petição a Ele, possa indicar-lhe. Não se trata de uma grande quantia, mas é uma provisão suficiente para a exigência do hoje; e é para as exigências do *hoje* que, usualmente, o Senhor provê. O amanhã, conforme vierem as demandas, encontrará seus suprimentos etc.'

"Dessas 20 Libras, separei 10 para o fundo do orfanato e 10 para resolver outras questões, e assim me foi possível sanar as despesas no valor aproximado de 34 libras que, associadas ao orfanato, chegaram até mim quatro dias mais tarde e que eu, de antemão, sabia que viriam."

Aguardando por ajuda

"21 de novembro de 1838. Nunca estivemos com recursos tão escassos como hoje. Não havia um pence sequer nas mãos das diretoras das três casas. Entretanto houve um bom jantar e, conseguindo ajudar umas às outras com pão e outros itens, houve a perspectiva de superar também este dia. Todavia, em nenhuma das casas tínhamos a perspectiva de receber pão. Quando deixei os irmãos e irmãs, à uma hora da tarde, após a oração, disse-lhes que precisávamos aguardar ajuda e ver como o Senhor nos socorreria dessa vez. Eu estava certo do auxílio, mas nós estávamos, de fato, em situação preocupante. Quando fui a Kingsdown, senti que precisava me exercitar mais, estava muito frio; pelo que não escolhi o caminho mais próximo de casa, mas fiz a volta ao redor de Clarecence Place. Quando eu estava a cerca de 18 metros de minha casa, encontrei um irmão que caminhou de volta comigo e, após um pouco de conversa, deu-me 10 libras para serem entregues aos irmãos, os diáconos, com objetivo de prover aos pobres santos carvão, cobertores e roupas quentes; também cinco libras para os órfãos e cinco libras para outros artigos da Sociedade de Conhecimento das Escrituras. O irmão me chamara duas vezes enquanto eu estava nos orfanatos e, caso eu tivesse passado ali *meio minuto* depois, não o teria encontrado. Mas o Senhor conhecia nossa necessidade e, portanto, permitiu-me encontrá-lo. Eu enviei as cinco libras imediatamente às diretoras."

Além da decepção

"21 de setembro de 1840. Segunda-feira. Pelo que se tinha em mãos para os órfãos e pelo que havia chegado ontem, a necessidade de hoje está mais do que suprida e há também suficiente para amanhã. Hoje um irmão da vizinhança de Londres deu-me 10 libras para serem dispostas como fosse mais necessário. Como temos orado há muitos dias por fundos para a Escola Bíblica e a Escola Missionária, tomei o valor total para elas. Esse irmão nada sabia sobre nosso trabalho quando veio há três dias a Bristol. Dessa forma, o Senhor, para demonstrar Seu contínuo cuidado por nós, levanta novos ajudadores. Aqueles que confiam no Senhor nunca serão confundidos! Alguns que ajudaram por certo tempo, cairão no sono em Jesus; outros crescerão no serviço do Senhor; outros estarão sempre desejosos de ajudar, mas já não têm meios; outros podem ter ambos: um coração desejoso e também os meios, mas podem ver que a vontade de Deus é que os disponha de outra forma. Assim, por um motivo ou por outro, se nos apoiássemos no homem, nós, certamente, seríamos confundidos; mas, em apoiarmo-nos somente no Deus vivo, *estamos ACIMA da decepção e ACIMA de sermos abandonados devido à morte, ou necessidades de meios, ou necessidade de amor, ou devido às reivindicações de outro trabalho.* Quão precioso é ter aprendido, em qualquer medida, a permanecer somente com Deus neste mundo e, contudo, estar feliz e saber que certamente nada de bom será retido de nós enquanto caminharmos retamente!"

Um grande pecador convertido

Em sua AVALIAÇÃO DO ANO DE 1841, Müller escreveu: "Durante este ano, fui informado sobre a conversão de um dos maiores pecadores sobre quem já tive notícia em todo o meu serviço ao Senhor. Repetidamente me coloquei de joelhos com sua esposa e pedi ao Senhor pela conversão daquele homem quando ela vinha a mim na mais profunda angústia de alma. Devido ao amor dela pelo Senhor, esse marido, em amarga inimizade contra a esposa por não conseguir provocá-la e por *ela não revidar*, entre outras coisas semelhantes, tratava-a de maneira bárbara e cruel. Na época em que a situação estava no auge do pior, supliquei em especial por ele com a promessa em Mateus 18:19: 'Em verdade vos digo que tudo o que ligardes na terra terá sido ligado nos céus, e tudo o que desligardes na terra terá sido desligado nos céus.' E agora esse terrível perseguidor está convertido."

Oração por bênção espiritual entre os santos

"Em 25 de maio, comecei a pedir ao Senhor por uma prosperidade maior e real entre os santos, entre aqueles com quem eu trabalho em Bristol; maior do que jamais houve entre eles. E agora preciso registrar, para o louvor do Senhor, que verdadeiramente Ele respondeu a esse pedido; pois, considerando todas as coisas, em momento algum houve mais manifestação de graça, verdade e poder espiritual entre nós do que há agora, enquanto estou escrevendo para o jornal (1845). Não se trata de termos concretizado tudo o que podemos; estamos longe, muito longe disso, mas o Senhor tem sido muito, muito bom conosco, e nós temos motivo mais que abundante para ação de graças."

Reter o relatório

"9 de dezembro de 1841. Hoje os órfãos receberam 10 xelins e 10 pence pela venda de meias. Nós agora chegamos ao fim do sexto ano dessa parte do trabalho e *temos em mãos apenas o dinheiro que foi depositado para o aluguel*, mas, ao longo de todo este ano, foi-nos suprido tudo o que precisávamos.

"Durante os últimos três anos, neste exato dia, já havíamos fechado os relatórios e, alguns dias depois, tínhamos algumas reuniões públicas nas quais, para o benefício dos ouvintes, afirmávamos como o Senhor havia lidado conosco ao longo do ano. O conteúdo do que era declarado nessas reuniões era, posteriormente, impresso para o benefício da igreja em geral. Dessa vez, contudo, pareceu-nos melhor atrasar, por certo tempo, tanto as reuniões públicas quanto a publicação do relatório. Por meio da graça, aprendemos a nos apoiar somente no Senhor, tendo a garantia de que, caso jamais pronunciássemos ou escrevêssemos palavra alguma sobre esse trabalho, ainda seríamos supridos de recursos, na medida em que Ele nos capacitaria a depender somente dele. Mas, embora não fizéssemos as reuniões públicas com o propósito de expor nossa necessidade e nem publicássemos o relato das ações do Senhor conosco para que por meio disso houvesse atuação nos sentimentos dos leitores e, assim, os induzíssemos a doar verba — antes nós o fazíamos apenas para que pudéssemos, por nossa experiência, beneficiar outros santos —, poderia, contudo, para alguns, haver a impressão de que, em tornar públicas nossas circunstâncias, éramos impulsionados por tais motivações. Que prova melhor, portanto, poderíamos dar de nossa dependência apenas no Senhor e não de reuniões públicas ou relatórios impressos, do que, *estando em nossa mais profunda pobreza*, em lugar de nos alegrarmos por haver chegado o momento em que poderíamos tornar públicas nossas circunstâncias, nós ainda permanecemos em silêncio por mais algum tempo sem nada declarar? Nós, portanto, determinamos, dado que buscávamos, e ainda buscamos, nesse trabalho agir em prol dos santos em geral, atrasar alguns meses tanto as reuniões públicas quanto o relatório. *Naturalmente* deveríamos, é claro, alegrar-nos como qualquer outro faria em expor nossa pobreza naquele momento, mas *espiritualmente* éramos incapazes de nos deleitar até mesmo na perspectiva de um benefício intensificado que pudesse ser advindo da igreja em geral por agirmos desta forma.

"18 de dezembro. Manhã de sábado. Há agora uma enorme necessidade e apenas 4 pence em mãos que eu encontrei na caixa em minha casa. Contudo creio plenamente que o Senhor nos suprirá neste dia também com tudo o que é necessário. Pare alguns minutos, caro leitor! Observe duas coisas! Nós agimos *por Deus* ao atrasarmos as reuniões públicas e a publicação do relatório, mas o *caminho de Deus sempre leva à provação quando se trata da visão e dos sentidos*. *A natureza* sempre será tentada *nos caminhos de Deus*. O Senhor estava dizendo por meio dessa pobreza: 'Eu agora verei se vocês verdadeiramente se apoiam em mim e se verdadeiramente se voltam para mim'. De todos os momentos que experienciei, desde que passei a viver desta forma, *até aquele momento específico*, eu nunca tinha conhecido período algum em que minha fé tivesse sido tão agudamente provada, como durante os quatro meses a partir de 12 de dezembro de 1841 a 12 de abril de 1842. Mas observe adiante: ainda assim poderíamos ter alterado nossa posição com relação às reuniões públicas e à publicação do relatório; *pois ninguém conhecia nossa determinação, naquele momento*, com relação a esse ponto. Não, pelo contrário, nós sabíamos com que júbilo muitos filhos de Deus estavam ansiosos para receber relatórios adicionais. Mas o Senhor nos manteve firmes na conclusão à qual havíamos chegado sob Sua orientação."

"Ele Permanece fiel"

Na data de 25 de janeiro de 1842, Müller escreveu: "Talvez, caro leitor, você tenha dito em seu coração antes de chegar até este momento da leitura: 'Como seria se os recursos para os órfãos se reduzissem a nada, se aqueles que estão comprometidos com o trabalho não tivessem nada que pudessem doar e se chegasse o momento de uma refeição e não houvesse alimento para as crianças?'

De fato, assim poderá ser, pois nosso coração é terrivelmente perverso. Caso fôssemos deixados a nossa própria sorte, como se não mais dependêssemos do Deus vivo, ou se 'víssemos iniquidade em nosso coração', temos motivo para crer que as coisas chegariam a tal estado. Mas enquanto formos capacitados a confiar no Deus vivo e enquanto, embora fracassando, fiquemos aquém em todos os aspectos possíveis, e assim provavelmente será, somos, ao menos, guardados de viver no pecado, de forma que as coisas não chegariam a tal estado. Portanto, caro leitor, se você caminhar com Deus e se, por essa razão, Sua glória seja preciosa para você, eu, carinhosa e sinceramente, rogo a você que suplique a Deus para nos preservar. Quão terrível seria a desgraça trazida sobre Seu santo nome se nós, que, de forma tão pública, vangloriamo-nos dele e dele falamos o bem, acabássemos difamando-o, seja por incredulidade na hora da tribulação ou pela vida de pecado em outros aspectos!"

Tardio, mas certo

"9 de março de 1842. Estávamos em um momento de tamanha necessidade em relação às Escolas Diurnas e aos órfãos, de forma que não podíamos ter continuado adiante sem auxílio. Recebi, neste dia, 10 libras de um irmão que mora perto de Dublin. O dinheiro foi dividido entre as Escolas Diurnas e os orfanatos. A pequena circunstância a seguir deve ser observada com relação a essa doação: como nossa necessidade era grande demais e minha alma estava, por meio da graça, esperando verdadeiramente no Senhor, procurei por suprimentos no decorrer dessa manhã. O correio, contudo, estava fechado e nenhum dos suprimentos tinha chegado. Isso, de modo algum, me desencorajou. Eu disse a mim mesmo: 'O Senhor pode nos enviar provisões sem usar o correio ou mesmo estando o correio agora inoperante; Ele pode ter enviado recursos por meio desta última entrega de cartas, embora o dinheiro não esteja ainda em minhas mãos. Não passou muito tempo após eu assim ter afirmado a mim mesmo, quando, segundo minha esperança em Deus, fomos socorridos, pois o irmão que nos enviou as 10 libras havia desta vez direcionado sua carta ao orfanato de meninos, de onde foi enviada a mim."

"Como um Pai"

"17 de março. Do dia 12 ao dia 16 havíamos recebido quatro libras e cinco xelins e 11 ½ pence para os órfãos. Nesta manhã, nossa pobreza, que agora já durava praticamente vários meses, havia se tornado extremamente grande. Deixei minha casa alguns minutos após as 7 horas para ir aos orfanatos e ver se havia dinheiro suficiente para comprar o leite que seria trazido às 8 horas. No caminho, meu pedido foi especialmente que o Senhor se agradasse de ter piedade de nós, como um pai tem piedade de seus filhos, e que Ele não colocasse sobre nós mais do que Ele nos capacitaria a suportar. Roguei a Ele especialmente que agora se agradasse de revigorar nosso coração enviando-nos auxílio. Eu, da mesma forma, lembrei-lhe das consequências que resultariam, tanto em referência a cristãos e não cristãos, caso desistíssemos do trabalho devido à carência de recursos e, portanto, pedi que Ele não permitisse que chegássemos ao ponto de nada termos. Ademais, confessei novamente diante do Senhor que não merecia que Ele continuasse a me usar nesse trabalho. Enquanto eu assim orava, em torno de dois minutos de caminhada até chegar aos orfanatos, encontrei um irmão que, àquela hora da manhã, tratava de seus negócios. Após trocar algumas palavras com ele, continuei meu caminho, mas ele, de pronto, correu até mim e entregou-me uma libra para os órfãos. Assim o Senhor prontamente respondeu minha oração. Verdadeiramente, vale a pena ser pobre e grandemente tentado em sua fé, para que, dia a dia, se tenha tais provas preciosas da amorosa consideração que nosso benevolente Pai tem por tudo o que está relacionado a nós. E como nosso Pai agiria diferentemente? Ele, que nos deu a maior prova possível de Seu amor, ao nos dar Seu próprio Filho, certamente com Ele nos dará, gratuitamente, todas as coisas."

Confie no Senhor antes do confiar nas promessas do homem

"6 de maio de 1845. Em torno de seis semanas atrás, foi-nos gentilmente dito por um irmão que ele esperava uma quantia considerável de dinheiro e que, caso a obtivesse, uma certa porção desse montante seria ofertada ao Senhor, de modo que 100 libras deste valor seriam utilizadas para o trabalho em minhas mãos e a outra parte para as minhas despesas e as do irmão Craik. Contudo, um dia após o outro se passava e o dinheiro não chegava. Eu não confiava no tal dinheiro, embora, durante todo esse tempo, com raras exceções, estivéssemos necessitados de algo, e eu pensava frequentemente sobre a promessa desse irmão, ainda que, pela graça de Deus, eu não confiasse no irmão que a havia feito a mim, mas no Senhor. Assim, semanas passaram e o dinheiro não veio. Agora, na manhã de hoje, veio à minha mente que tais promessas devem ser consideradas, em certo sentido, como nada, ou seja, que a mente não deve jamais, por um momento sequer, ser direcionada a elas, mas ao Deus vivo e somente a Ele. Vi que tais promessas não devem ter o valor de um pence sequer quando pensamos nelas como auxílio. Portanto, pedi ao Senhor, quando, como de costume, estava orando com minha amada esposa sobre o trabalho em minhas mãos, que Ele se agradasse em retirar completamente de minha mente toda questão com relação a essa promessa e me auxiliasse a não a valorizá-la minimamente que fosse, mas, ao contrário, que a tratasse como se não valesse um único pence e mantivesse meus olhos direcionados somente a Ele. Assim fui capacitado a fazê-lo. Não havíamos terminado a oração quando recebi a seguinte carta:

> 5 *de maio de* 1845
> *Amado Irmão,*
> *Seus banqueiros ainda são os Srs. Stuckey & Co., de Bristol, e os banqueiros deles ainda são os Srs. Robarts & Co., de Londres? Por favor instrua-me nisso e, sendo o caso, por favor, considere esta carta de aviso notificando que* 70 *libras estão pagas aos Srs. Robarts & Co., com destino aos Srs. Stuckey & Co., para o senhor. Aplique essa soma como o Senhor lhe der sabedoria para fazê-lo. Eu não enviarei a Robarts & Co. até que tenha resposta do senhor. Respeitosamente.*

"Assim o Senhor recompensou imediatamente nossa determinação de esforçar-nos para não olhar, nem mesmo minimamente, para a promessa de um irmão, antes, apenas para Ele. Mas isso não foi tudo. Em torno das duas da tarde de hoje, eu recebi 166 libras e 18 xelins do tal irmão que há mais de 40 dias fizera aquela promessa. Ele os doou no mesmo dia em que recebeu o dinheiro no qual se baseara para fazer a promessa. Da tal soma, 100 libras serão utilizadas para o trabalho em minhas mãos e o restante para minhas despesas pessoais e as do irmão Craik." Na data de 1842, Müller escreveu: "Desejo que todos os filhos de Deus que venham a ler estes detalhes possam, por meio deles, ser guiados à maior e mais simples confiança em Deus para tudo o que possam precisar em qualquer circunstância. Também, que essas tantas respostas à oração possam encorajá-los a orar, em especial quando se trata da conversão de seus amigos e parentes, por seu próprio progresso na graça e no conhecimento, pelo estado dos santos a quem possam conhecer particularmente, em favor do estado da Igreja em geral e do sucesso da pregação do evangelho. Em especial, eu os alerto afetuosamente com relação a serem persuadidos, pelos artifícios de Satanás, a pensar que essas coisas são peculiares a mim e não podem ser desfrutadas por todos os filhos de Deus; pois, como já foi afirmado antes, embora nem todo cristão seja chamado para fundar orfanatos, escolas de caridade etc. e confiar no Senhor para prover os meios, todos os cristãos são, contudo, chamados, na simples confiança da fé, a lançar todos os seus fardos sobre o Senhor. Para confiar nele em tudo, e não apenas a submeter tudo em oração, mas para esperar respostas às suas petições feitas segundo a Sua vontade e em nome do Senhor Jesus. Não pense, caro leitor, que eu tenho *o dom da fé*, ou seja, o dom sobre o qual lemos em 1 Coríntios 12:9, mencionado junto aos 'dons de cura', 'a operação de milagres', 'profecia', e que, com base nisso, sou capaz de confiar no Senhor. *É verdade* que a fé, que eu sou capaz de exercitar, é inteiramente dom do próprio Deus. A verdade é que somente Ele a sustém e que somente Ele pode ampliá-la. É verdade que, momento após momento, dependo dele para que a tenha e que, caso por um único instante, eu fosse deixado à mercê de mim mesmo, minha fé falharia inteiramente. Porém *não é verdade* que minha fé é o dom do qual se fala em 1 Coríntios 12:9 pelas seguintes razões:

"1. A fé que sou capaz de exercer com relação aos orfanatos e minhas próprias necessidades temporais não é essa 'fé' apresentada em 1 Coríntios 13:2 (evidentemente uma alusão à fé mencionada em 1 Coríntios 12:9): 'Ainda que eu tenha o dom de profetizar e conheça todos os mistérios e toda a ciência; ainda que eu tenha tamanha fé, a ponto de transportar montes, se não tiver amor, nada serei.'; mas é a mesmíssima fé que é encontrada em *todo cristão* e de cujo crescimento tenho sobretudo consciência; pois ela, pouco a pouco, tem sido ampliada nos últimos 69 anos.

"2. A fé que é exercitada em relação aos orfanatos e minhas próprias necessidades temporais demonstra-se, na mesma medida, por exemplo, com relação aos seguintes pontos: a mim nunca foi permitido duvidar durante os últimos 69 anos que meus pecados foram perdoados, que sou filho de Deus, que sou amado de Deus e que finalmente serei salvo; visto que sou capacitado, pela graça de Deus, a exercitar fé na Palavra de Deus e crer no que Deus diz nestas passagens — 1 João 5:1; Gálatas 3:26; Atos 10:43; Romanos 10:9,10; João 3:16 etc. —, as quais liquidam tais questões. Ademais, quando, em certos momentos, a julgar pelas aparências naturais, tudo passa a ser trevas, trevas profundas, com relação a meu serviço entre os santos. Quando eu deveria ter me sentido esmagado, de fato, contrito e em desespero por haver olhado para as coisas em sua aparência exterior, em tais momentos busquei encorajar-me em Deus, apossando-me, em fé, de Seu forte poder, Seu amor imutável e Sua infinita sabedoria. Eu disse a mim mesmo: Deus é capaz de libertar-me, e está disposto a fazê-lo, caso isso seja bom para mim, pois está escrito: 'Aquele que não poupou o seu próprio Filho, antes, por todos nós o entregou, porventura, não nos dará graciosamente com ele todas as coisas?' (Romanos 8:32). Isso, em que cri pela graça, foi o que manteve minha alma em paz. Além disso, quando se trata dos orfanatos, Escolas Diurnas etc., vieram sobre mim tentações que eram muito mais pesadas do que a necessidade de recursos, quando relatórios mentirosos eram espalhados declarando que os órfãos tinham o suficiente para comer, ou que eram tratados cruelmente em outros aspectos, e coisas semelhantes; ou quando outras provações, ainda maiores, mas que não posso mencionar, me assolaram em relação a esse trabalho. E tudo isso em um momento em que eu estava a quase 1600 quilômetros de distância de Bristol e tive que permanecer ausente por várias semanas. Em tais momentos, minha alma permaneceu firme em Deus. Eu cria em Sua palavra de promessa que era aplicável a tais casos, derramei minha alma diante de Deus e, depois de ajoelhar-me, levantei-me em paz porque a aflição abrigada na alma fora, em oração de fé, lançada sobre Deus e assim fui mantido em paz embora visse ser a vontade de Deus que eu permanecesse distante do trabalho. Posteriormente, quando precisei de casa, companheiros trabalhadores, educadores para os órfãos ou para as Escolas Diurnas, fui capacitado a, em tudo isto, olhar para o Senhor e confiar nele para obter auxílio. Caro leitor, posso parecer vangloriar-me, mas, pela graça de Deus, não me vanglorio no assim falar. Do mais profundo de minha alma, atribuo somente a Deus o fato de Ele me capacitar a confiar nele e não permitir que minha confiança nele falhasse. Mas considerei necessário fazer essas observações, para que ninguém pense que minha dependência de Deus foi um dom específico dado a mim, que outros santos não têm direito de buscar; ou para que não se pense que esta minha dependência dele estava *relacionada apenas à obtenção de DINHEIRO pela oração e pela fé*. Pela graça de Deus, desejo que minha fé em Deus se estenda a TODAS as coisas, à menor de minhas preocupações temporais e espirituais e à menor das preocupações temporais e espirituais de minha família, aos santos entre os quais trabalho, à igreja em geral, a tudo o que está relacionado à prosperidade temporal e espiritual da Sociedade de Conhecimento das Escrituras e tudo mais. Caro leitor, não pense que conquistei em fé (e quanto menos ainda de outras maneiras!) aquilo que deveria conquistar, no grau em que deveria conquistar, mas agradeço a Deus pela fé que Ele me deu e peço que a

Início e primeiros dias do trabalho com órfãos

preserve e amplie. E, finalmente, mais uma vez, não permita que Satanás o ludibrie fazendo-o pensar que você não poderia ter a mesma fé, mas que, antes, ela é apenas para pessoas que estão em posição como a minha. Quando perco algo, como uma chave, peço ao Senhor que me direcione a ela e procuro uma resposta à minha oração; quando uma pessoa com quem tenho um agendamento não comparece na hora designada, e eu começo a ser perturbado por isso, peço ao Senhor que se agrade de apressá-la até mim e procuro uma resposta; quando não compreendo uma passagem da Palavra de Deus, elevo meu coração ao Senhor para que Ele se agrade, por Seu Santo Espírito, de instruir-me e espero ser ensinado embora não defina o momento em que ocorrerá e o modo como acontecerá; quando vou ministrar a Palavra, busco auxílio do Senhor e, enquanto eu, na consciência da incapacidade natural assim como da completa indignidade, inicio esse serviço a Ele, não fico abatido, antes, tenho bom ânimo porque busco Sua assistência e creio que Ele, por amor ao Seu precioso Filho, me auxiliará. E assim, com relação às minhas preocupações temporais e espirituais, oro ao Senhor e espero uma resposta a meus pedidos. E não fará *você* o mesmo, caro leitor que crê? Ó! Suplico a você que não me considere um cristão extraordinário, com privilégios acima de outros amados filhos de Deus, privilégios que não poderiam ter; nem considere meu modo de agir como algo que não seria possível a outros cristãos. Simplesmente tente! Simplesmente permaneça firme na hora da tribulação e você verá o auxílio de Deus, se nele confiar. Mas há tão frequente abandono dos caminhos do Senhor na hora da tribulação, que assim o *alimento da fé*, por cujos meios nossa fé pode ser ampliada, é perdido. Isso me leva a este importante ponto: você pergunta — 'Quanto eu, um verdadeiro cristão, fortaleci minha fé?'. A resposta é a seguinte:

"a) 'Toda boa dádiva e todo dom perfeito são lá do alto, descendo do Pai das luzes, em quem não pode existir variação ou sombra de mudança' (Tiago 1:17). Dado que a ampliação da fé é um bom dom, deve vir de Deus e, portanto, a Ele deve se pedir tal bênção.

"b) Os meios a seguir, entretanto, devem ser utilizados: *1. A cuidadosa leitura da Palavra de Deus, combinada com a meditação nela.* Por meio da leitura da Palavra de Deus e, especialmente, por meio da meditação na Bíblia, o cristão fica mais e mais familiarizado com a natureza e o caráter de Deus e assim vê mais e mais, além de Sua santidade e justiça, o Ser amoroso, gracioso, misericordioso, poderoso, sábio e fiel que Ele é e, portanto, na pobreza, aflição do corpo, perdas em sua família, dificuldade em seu servir, carência em alguma situação ou de emprego, esse cristão repousará na *habilidade* de Deus em auxiliá-lo. Isso porque não apenas aprendeu em Sua Palavra que o Senhor tem um poder gigantesco e sabedoria infinita, mas também

Início e primeiros dias do trabalho com órfãos

viu, caso após caso nas Sagradas Escrituras, que Seu poder gigantesco e sabedoria infinita foram, de fato, exercitados no auxílio e libertação de Seu povo. Ele também repousará na *boa vontade* de Deus de auxiliá--lo, porque não apenas aprendeu nas Escrituras que o Senhor é um Ser afável, bondoso, misericordioso, gracioso e fiel, senão que também viu na Palavra de Deus como, em grande variedade de casos, Ele provou assim ser. E a consideração disto: *Deus tornou-se conhecido a nós por meio da oração e meditação em Sua Palavra*, e isso nos levará, ao menos em geral, com certa medida de segurança, a confiar nele. E, assim, a leitura da Palavra de Deus, junto à meditação nela serão meios para fortalecer nossa fé. 2. Com referência ao crescimento de todas as graças do Espírito, é de extrema importância que busquemos manter o coração reto e a boa consciência e, portanto, não nos satisfazer habitual e conscientemente naquilo que é contrário à mente de Deus. Assim também é especialmente o caso com relação ao *crescimento na fé*. Como posso continuar a agir com fé em Deus, a respeito de qualquer coisa, se habitualmente o entristeço e procuro desvalorizar a glória e a honra daquele em quem declaro confiar, daquele de quem afirmo depender? Toda a minha confiança em Deus, todo o meu apoiar-me nele na hora da tribulação se esvai se tenho uma consciência condenável e se não busco repudiar essa consciência condenável, antes, continuo a praticar as coisas que são contrárias à mente de Deus. E se, em qualquer caso específico, não posso confiar em Deus devido à consciência condenável, então minha fé é enfraquecida por causa da desconfiança; pois a fé, a cada situação em que é provada, ou se amplia pelo confiar em Deus e assim obtém auxílio, ou se reduz pelo não confiar nele e então há menos e menos poder de olhar simples e diretamente para o Senhor, e o hábito da autodependência é gerado ou encorajado. Um ou outro desses casos sempre será a causa em uma ou outra circunstância específica. Ou confiamos em Deus e, nesse caso, não confiamos em nós mesmos nem em nossos companheiros, nem em circunstâncias, nem em coisa alguma paralela, ou CONFIAMOS em um ou mais desses aspectos e, nesse caso, NÃO confiamos em Deus. 3. Caso nós, de fato, desejemos que nossa fé seja fortalecida, não devemos recuar de oportunidades em que ela seja provada e, portanto, por meio da provação, seja fortalecida. Em nosso estado natural, temos certa resistência a lidar exclusivamente com Deus. Por meio de nossa alienação natural de Deus, distanciamo-nos dele e das realidades eternas. Isso se encontra de certa forma em nós, mesmo após nossa regeneração. Consequentemente ocorre que, em algum nível, mesmo como cristãos, temos esse mesmo hesitar em firmarmo-nos somente em Deus, depender somente dele, recorrer somente a Ele. E, contudo, essa é a exata posição em que devemos estar se desejamos que nossa fé seja fortalecida. Quanto mais estou numa posição em que posso ser provado na fé com relação a meu corpo, minha família, meu serviço ao Senhor, meus negócios etc., mais terei oportunidade de ver o auxílio e o livramento de Deus, e toda nova ocasião em que Ele me auxilia e livra tenderá ao aumento de minha fé. A esse respeito, portanto, o cristão não deveria recuar de situações, posições, circunstâncias em que sua fé possa ser provada, mas deveria jubilosamente aceitá-las como oportunidades em que poderá ver a mão de Deus estendida em seu favor para o ajudar e livrar e por meio das quais pode, assim, ter sua fé fortalecida. 4. O último ponto importante para o fortalecimento de nossa fé é deixarmos Deus agir por nós quando a hora da provação da fé chega e não trabalharmos para nossa própria libertação. Sempre que Deus concede fé, ela é concedida, entre outras razões, para o exato propósito de ser provada.

"Sim, independentemente de quão fraca seja nossa fé, Deus a provará com uma restrição apenas: que, assim como em todos os aspectos Ele conduz branda, gradual e pacientemente, também o fará a respeito da provação de nossa fé. De início nossa fé será muito pouco provada em comparação a como será posteriormente, pois Deus nunca colocará sobre nós mais do que aquilo que deseja nos capacitar a carregar. Agora, quando a provação de nossa fé chega, somos naturalmente inclinados a duvidar de Deus e confiar, antes, em nós mesmos, ou em nossos amigos ou em circunstâncias.

"Preferimos trabalhar por nossa própria libertação de uma forma ou outra, a simplesmente recorrer a Deus e aguardar Seu auxílio. Mas, se não aguardarmos pacientemente pelo auxílio do Senhor, se trabalharmos por nossa própria libertação, assim será novamente na provação seguinte de nossa fé, estaremos mais uma vez inclinados a nos libertarmos e assim, a cada nova ocasião desse tipo, nossa fé diminuirá. Ao passo que, pelo contrário, se nos aquietássemos para presenciar a salvação de Deus, para ver Sua mão estendida em nosso favor confiando nele somente, então nossa fé seria ampliada, e, em toda nova situação em que a mão de Deus se estendesse em nosso favor na hora da provação de nossa fé, esta seria ainda mais ampliada.

"Desejando o cristão, portanto, ter sua fé fortalecida, ele deve, especialmente, *dar tempo a Deus*, que prova sua fé para provar a Seu filho, no fim das contas, o quão disposto o Senhor está a auxiliá-lo e libertá-lo. Esse momento é, de fato, bom para ele."

Nos primeiros anos da Sociedade, George Müller e seus companheiros trabalhadores tiveram que suportar muitas e severas provações de fé, como alguns destes casos demonstram.

Müller, quando escreve sobre o referido período, diz:

"Ainda que, agora (julho de 1845), durante algo em torno de sete anos, nossos fundos tenham se mantido tão

Início e primeiros dias do trabalho com órfãos

esgotados, a ponto de ser *raro* haver recursos em mãos para suprir as necessidades de mais de 100 pessoas por um total de *três dias*, fui, contudo, tentado uma única vez em espírito, e isso ocorreu em 18 de setembro de 1838, quando, pela primeira vez, o Senhor pareceu não considerar nossa oração. Mas, quando Ele enviou auxílio naquele momento, e eu constatei que o fato de que havíamos sido tão reduzidos se tratava apenas da provação de nossa fé e não de que Deus havia abandonado a obra, minha alma foi tão fortalecida e encorajada que não fui apenas proibido de duvidar do Senhor, mas, desde então, *não estive abatido ainda que na mais profunda pobreza.*"

Um presente de 12 Libras

"20 de agosto de 1838. As 5 libras que havia recebido no dia 18 foram aplicadas às despesas domésticas, de modo que hoje eu estava novamente sem um pence. Mas meus olhos estavam direcionados ao Senhor. Entreguei-me à oração nesta manhã, sabendo que nesta semana novamente precisaria de, ao menos, 13 libras, ou talvez algo acima de 20 libras. Em resposta à oração, hoje recebi 12 libras de uma senhora que está hospedada em Clifton a quem eu nunca vira antes. Adorável Senhor, concede que esse seja um revigorado encorajamento para mim!"

Uma grave crise

A respeito de um dos mais mordazes períodos de provação, Müller escreve:

"10 de setembro de 1838. Manhã de segunda-feira. Nem sábado, ou mesmo ontem, recebemos qualquer quantia. Agora, pareceu-me necessário dar alguns passos com relação à nossa necessidade, ou seja, ir aos orfanatos, reunir os irmãos e irmãs (que, com exceção do irmão T., nunca foram informados sobre a realidade das verbas), afirmar-lhes a situação, verificar quanto dinheiro era necessário para o momento, dizer-lhes que, em meio a toda essa provação de fé, eu ainda cria que Deus nos socorreria e orar com eles. Em especial, também, pretendia ir por desejar dizer-lhes que nenhum outro artigo deveria ser comprado além daquilo que tínhamos condições de pagar, mas que não se deixasse faltar nada, de forma alguma, para as crianças em relação ao alimento e à vestimenta necessários, pois eu preferiria imediatamente dispensá-las a mantê-las em carência. Planejei ir, também, para verificar se havia algum item que pudesse ser enviado com o propósito de ser vendido ou se havia algum item realmente desnecessário que pudéssemos transformar em dinheiro. Senti que a questão agora chegara a uma grave crise. Em torno de 9 horas e 30 minutos, seis pence chegaram, que foram deixados anonimamente na caixa da Capela Gideão. Esse dinheiro a mim parecia um penhor de que Deus teria compaixão e enviaria mais. Em torno das 10 horas, após retornar da casa do irmão Craik, a quem havia desvelado meu coração novamente, enquanto mais uma vez em oração por socorro, uma irmã ligou e deu dois soberanos (libra em ouro) à minha esposa para os órfãos, afirmando que se

Início e primeiros dias do trabalho com órfãos

sentiu comovida a vir e que já havia atrasado demais sua vinda. Alguns minutos depois, quando entrei no cômodo em que ela estava, ela me deu ainda mais dois soberanos e tudo isto sem nada saber sobre nossa necessidade. Assim o Senhor, sobremaneira misericordiosamente, enviou-nos breve auxílio para o grande encorajamento de minha fé. Alguns minutos depois recebi de nossas instituições o pedido de dinheiro, a que enviei duas libras e uma libra e seis pence ao orfanato de meninos e uma libra ao orfanato de meninas."

Um precioso escape

"17 de setembro de 1838. A provação ainda continua. Está agora mais e mais penoso, até mesmo para a fé, conforme passa cada dia. Verdadeiramente, o Senhor tem propósitos sábios em permitir que clamemos por tanto tempo a Ele, pedindo socorro. Mas estou certo de que Deus enviará auxílio se pudermos simplesmente esperar. Um dos trabalhadores tinha recebido uma pequena quantia da qual ele doou 12 xelins e seis pence; outra trabalhadora deu 11 xelins e oito pence sendo esse todo o dinheiro restante que ela tinha. Isso, somado aos 17 xelins e seis pence que, em parte, haviam entrado e, em parte, tínhamos em mãos, nos permitiram pagar o que precisava ser pago e comprar provisões, de modo que até então nada, de forma alguma, nos faltasse. Nesta noite estava bem cansado quanto ao atraso da entrada de grandes quantias, mas, sendo levado a recorrer às Escrituras para consolo, minha alma foi grandiosamente renovada e minha fé novamente fortalecida pelo Salmo 34, de modo que fui, muito jubilosamente, encontrar-me com meus caros colegas trabalhadores para orarmos. Li para eles o Salmo e procurei alegrar o coração deles por meio de preciosas promessas nele contidas.

"18 de setembro. Irmão T. tinha 25 xelins em mãos e eu tinha três xelins. Esta uma libra e oito xelins nos permitiu comprar a carne e o pão necessários, um pouco de chá para uma das casas e leite para todos; nada mais que isso é necessário. Assim o Senhor proveu não apenas para este dia, pois há pão para dois dias em mãos. Agora, entretanto, chegamos a um extremo. Os fundos estão esgotados. Os trabalhadores, que tinham pouco dinheiro, ajudaram enquanto ainda tinham algo sobrando. Agora observe como o Senhor nos socorreu! Uma senhora da vizinhança de Londres que trouxe um embrulho com dinheiro de sua filha chegou há quatro ou cinco dias em Bristol e alojou-se ao lado do orfanato dos meninos. Nesta tarde, ela própria, gentilmente, trouxe-me o dinheiro perfazendo três libras e seis pence. Nós havíamos estado tão desprovidos a ponto de considerar vender aquilo que podíamos dispensar, mas nesta manhã eu havia pedido ao Senhor, se assim pudesse ser, que evitasse a necessidade de fazermos isso. O fato de que o dinheiro estivera tão próximo aos orfanatos durante vários dias sem nos ser entregue é prova clara de que, desde o princípio, estava no coração de Deus auxiliar-nos, mas, por Ele se deleitar nas orações de Seus filhos, Ele nos permitiu orar por tal período; também para provar nossa fé e fazer da resposta algo ainda mais doce. Essa é, de fato, um escape precioso. No momento em que fiquei sozinho, após ter recebido o dinheiro, irrompi em altos louvores e gratidão. Encontrei-me com meus colegas trabalhadores novamente nesta noite para oração e louvor; o coração deles se encheu de grande alegria. Esse dinheiro foi dividido nesta noite e proverá confortavelmente tudo o que será necessário amanhã."

Perguntas para estudo bíblico

1. Leia Tiago 1:1-18. Que tipo de provações enfrentavam as 12 tribos na Dispersão quando Tiago escreveu esta carta a elas?
2. Liste todas as coisas dessa passagem que Tiago chamaria de "boa dádiva" e "dom perfeito" (v.17).
3. Escreva todas as coisas indicadas na passagem que são resultado da queda do homem e do pecado no mundo, e que Tiago pode chamar de coisas que são variação e uma "sombra de mudança" (v.17).
4. O que a passagem diz sobre Deus e o fato de que certas vezes Ele permite circunstâncias difíceis a Seus filhos como boas dádivas e dons perfeitos?

Perguntas para reflexão pessoal

1. Müller disse: "'Toda boa dádiva e todo dom perfeito são lá do alto, descendo do Pai das luzes, em quem não

pode existir variação ou sombra de mudança' (Tiago 1:17). Dado que a ampliação da fé é uma boa dádiva, deve necessariamente vir de Deus e, portanto, a Ele se deve pedir esta bênção". Quando você pede dons a Deus, você pede ampliação da fé (ou alegria, amor, paciência etc.)? Você geralmente pede apenas coisas ou certos resultados ou pede ambos? Por quê?

2. Müller disse: "Quanto mais estiver numa posição em que posso ser provado na fé com relação a meu corpo, minha família, meu serviço ao Senhor, meus negócios, etc., mais terei oportunidade de ver o auxílio e o livramento de Deus, e toda nova ocasião em que Ele me auxilia e livra, tenderá ao aumento de minha fé. A este respeito, portanto, o cristão não deveria recuar de situações, posições, circunstâncias em que sua fé possa ser provada, mas deveria jubilosamente aceitá-las como oportunidades em que poderá ver a mão de Deus estendida em seu favor, para o ajudar e livrar e por meio das quais pode, assim, ter sua fé fortalecida". Pense nos momentos em que seu corpo, sua família, seu serviço ao Senhor ou seus negócios foram provados em fé. De que maneiras você experimentou o auxílio e o livramento de Deus, e de que maneiras você os percebe agora após ler este capítulo?

3. Você "recua de situações, posições, circunstâncias" em que sua fé possa ser provada? Por quê? Como a leitura do relato de Müller o desafia ou convence com relação a isso?

Oração

Pai, revela-me uma área em que minha fé pode ser provada hoje; um lugar do qual estejas me pedindo que remova minhas mãos, meu controle e minha mente e para confiar que tu tens a estratégia para minha vida e a minha porção. Isso é algo difícil de se abandonar, e eu sei que tu sabes disso, visto que enviaste o Teu Filho para ser ridicularizado, zombado e crucificado por homens que não o compreenderam, eram cegos e foram desobedientes a ti. Sei que abrir mão de minha necessidade de controlar minha vida significa que aparentemente ela estará nas mãos daqueles que não serão fiéis. Mas, Pai, mostra-me como sou mantido em Tuas mãos. Mostra-me como tu és "...socorro bem-presente nas tribulações" (Salmo 46:1). *Concede-me olhos para ver que o Senhor está comigo e está no controle, até mesmo quando eu vacilo ao longo do caminho. Em nome de Teu Filho. Amém.*

Capítulo 2

OS NOVOS ORFANATOS EM ASHLEY DOWN

Em outubro de 1845, recebeu-se uma queixa proveniente de certo cavalheiro que afirmava que os habitantes da rua Wilson estavam incomodados com os orfanatos localizados na referida rua. George Müller, por fim, decidiu, por essa e outras razões, após muita meditação e oração, construir um orfanato para acomodar 300 crianças em outro local e passou a pedir meios ao Senhor para assim fazê-lo.

"31 de janeiro de 1846. Agora já se passaram 89 dias desde que passei a esperar diariamente em Deus com relação à construção de um orfanato. Parece-me, agora, estar mais próximo o tempo em que o Senhor nos dará um terreno. E foi isso que eu declarei aos irmãos e irmãs, nesta noite, após nossa habitual reunião de oração de sábado à noite nos orfanatos.

"1.º de fevereiro. Uma pobre viúva nos enviou hoje com 10 xelins."

"2 de fevereiro. Hoje ouvi sobre um terreno adequado e barato em Ashley Down."

"3 de fevereiro. Vi o terreno. É o mais desejável de todos os que visitei. Anonimamente foi colocado em uma caixa em minha casa um soberano para os órfãos, em um pedaço de papel no qual estava escrito: 'O novo orfanato'."

"4 de fevereiro. Nesta noite, fui procurar o proprietário do terreno em Ashley Down, sobre o qual ouvi no dia 2, mas ele não estava em casa. Como me fora informado que eu o encontraria em seu comércio, fui até lá, mas também não o encontrei, uma vez que ele *acabara* de sair. Eu poderia tê-lo procurado novamente em sua residência um pouco mais tarde, já que fora informado por um dos criados que ele certamente estaria em casa por volta das 8h. Mas não o fiz julgando que havia a mão de Deus no fato de que eu não tinha encontrado o homem em lugar algum; e, portanto, considerei ser melhor não forçar a questão, mas lembrar que "…a perseverança deve ter ação completa…"

"5 de fevereiro. Na manhã de hoje, encontrei o dono do terreno. Ele me disse que acordou às 3 da manhã e não conseguiu dormir novamente até às 5h. Enquanto estava assim acordado, sua mente ocupou-se o tempo todo com o tal terreno em relação à consulta que lhe foi feita para a construção de um orfanato, a pedido meu. Ele determinou que, caso eu me colocasse como possível interessado, ele não apenas me permitiria ficar com o terreno, mas também por um valor de 120 libras por acre[5] em vez de 200 libras, preço previamente estabelecido por ele. Como o Senhor é bom! O contrato foi feito na manhã de hoje, e comprei um campo de praticamente sete acres por 120 libras o acre.

"Observe a mão de Deus no fato de eu não ter encontrado o dono em casa na noite anterior! O Senhor desejava primeiro falar com Seu servo sobre essa questão durante uma noite insone e levá-lo a decidir *completamente* antes que eu o visse."

Pelo muito importunar

"19 de novembro de 1846. Eu agora sou mais e mais levado a importunar o Senhor pedindo-lhe que me envie os meios indispensáveis para que eu possa dar início à construção. Porque (1) já há algum tempo foi declarado publicamente por escrito que eu consinto que alguns dos habitantes da rua Wilson considerem-se importunados, e não sem fundamento, pelos orfanatos que estão na rua em questão e anseio, portanto, deslocar os orfanatos dali o quanto antes. (2) Fico mais e mais convencido de que seria de grande benefício para as crianças, tanto física quanto moralmente, com a bênção de Deus, estar em tal lugar, que é planejado que ocupem, quando o novo orfanato tiver

---

[5] Acre é uma antiga unidade para medir terras. A origem da unidade remete à área que podia ser lavrada em um dia com um jugo de bois puxando um arado de madeira. O acre anglo-saxônico já foi definido como uma faixa de terra com 201×20 metros e outras variantes do acre (na faixa entre 0,19 e 0,911 hectares) já foram empregadas pelas Ilhas Britânicas. Atualmente, o acre é definido como um pedaço de terra de qualquer formato equivalente a 4.047 m2, ou 0,4047 hectares.

sido construído. E (3) porque o número de órfãos muito pobres e destituídos que estão aguardando admissão é grande demais e novas inscrições são feitas constantemente. Agora, enquanto, pela graça de Deus, eu não desejaria que a construção fosse iniciada um dia antes daquele que está na vontade do Senhor e enquanto creio firmemente que Ele me dará, em Seu próprio tempo, cada xelim de que preciso, sei também, porém, que Ele se deleita em ver-nos rogando a Ele seriamente e que tem prazer que perseveremos em oração e no "importuná-lo", tão claramente visto na parábola da viúva e do juiz injusto em Lucas 18:1-8.

"Por essas razões entreguei-me novamente à oração na noite passada, para que o Senhor enviasse meios adicionais, sendo especialmente guiado a assim fazer, em acréscimo às razões mencionadas acima, pois havia entrado relativamente pouco desde o dia 29 do mês passado. Nesta manhã, entre 5 e 6 horas, orei novamente sobre a verba para a construção do edifício, entre outros pontos, e então tive um longo período de leitura da Palavra de Deus. No decorrer de minha leitura, cheguei a Marcos: 'Por isso, vos digo que tudo quanto em oração pedirdes, crede que recebestes, e será assim convosco' (11:24). Eu frequentemente sentia e sobre falava a importância da verdade contida nessa porção da Palavra, mas, nesta manhã, senti-a muito particularmente e, aplicando-a ao novo orfanato, disse a Deus: 'Senhor, creio que terei tudo, porque creio que receberei em resposta à minha oração'. Assim, com o coração repleto de paz concernente a essa obra, fui à outra parte do capítulo e ao capítulo seguinte. Após a oração em família, tive novamente meu momento habitual de oração com relação às muitas partes da obra e às suas várias necessidades, pedindo também bênçãos sobre meus companheiros trabalhadores, sobre a circulação de Bíblias e panfletos e sobre as preciosas almas na Escola de Adultos, nas Escolas Dominicais, nas Escolas de Seis Dias e nos orfanatos. Em meio a todas as muitas coisas, novamente fiz meus pedidos sobre os recursos para a construção do prédio. E agora observe: cerca de cinco minutos após me levantar (tendo estado de joelhos em oração), a mim foi entregue uma carta registrada contendo um cheque de 300 libras, das quais 280 são para o fundo da construção, 10 para minhas despesas pessoais e 10 para o irmão Craik. O santo nome do Senhor seja louvado por este precioso encorajamento, pelo qual o fundo da construção está agora ampliado em valor mais alto que seis mil libras."

O primeiro orfanato de George Müller

"25 de janeiro de 1847. Está se aproximando a época do ano em que a construção poderá ser iniciada. Portanto, com sinceridade ainda maior, entreguei-me à oração, importunando o Senhor para que Ele se agradasse de revelar-se em nosso favor e prontamente enviasse o restante da quantia da qual necessitávamos. Ultimamente, cada vez mais, tenho sentido que está se aproximando o tempo em que o Senhor me concederá tudo o que é indispensável para o início da construção. Todos os vários argumentos que eu, frequentemente, tenho trazido diante de Deus, coloquei também diante dele novamente nesta manhã. Já se passaram agora 14 meses e três semanas desde que, dia a dia, tenho proferido minhas petições a Deus em favor dessa obra. Nesta manhã, após ajoelhar-me para orar, levantei-me em confiança plena, não apenas de que Deus *podia*, mas que também *enviaria* os recursos, e que o faria em breve. Nunca, durante todos estes 14 meses e três semanas, tive a menor dúvida de que teria tudo o que é necessário. E agora, caro leitor que crê, alegre-se e louve comigo. Em torno de uma hora após eu assim ter orado, foi-me dada a soma de duas mil libras para o fundo da construção. Dessa forma recebi, ao todo, 9.285 libras, três xelins e 91/2 pence para a obra. Não há como descrever a alegria que tive em Deus quando recebi esta doação. Deve-se conhecer por experiência própria para que assim se sinta. Dia a dia, durante 447 dias, tive que esperar em Deus antes que a soma citada acima chegasse a essa quantia. Quão grandiosa é a bênção que a alma obtém ao *confiar em Deus* e *por esperar pacientemente!* Não é notório o quão precioso é exercer a obra de Deus dessa forma, inclusive no que diz respeito à obtenção de recursos?"

A quantia para o fundo de construção chegou ao total de 15.784 libras, 18 xelins e 10 pence.

Segundo e terceiro orfanatos

"12 de março de 1862. Em novembro de 1850, minha mente já estava ocupada com a ideia de ampliar o trabalho com os órfãos, partindo de 300 órfãos para 1.000 e subsequentemente para 1.150. E foi em junho de 1851, que esse meu propósito se tornou conhecido, já que eu o mantivera em segredo por mais de sete meses, enquanto orava dia a dia por isso. A partir do fim de novembro de 1850 até este dia de 12 de março de 1862, nenhum único dia sequer se passou sem que essa visão de ampliação fosse levada diante de Deus em oração e geralmente mais de uma vez ao dia. Mas somente agora, neste dia, o novo terceiro orfanato foi ampliado de modo que pudesse ser aberto. Observe então, primeiro, caro leitor, quanto tempo pode se passar antes que uma resposta plena às suas orações, até mesmo a milhares e dezenas de milhares de orações, seja concedida ainda que essas orações sejam orações devotas, orações sinceras e oferecidas no nome do Senhor Jesus e embora desejemos a resposta apenas pela honra de nosso Senhor. Eu, de fato, pela graça de Deus, sem a menor dúvida e hesitação, procurei durante mais de 11 anos a resposta plena e buscava nessa questão apenas a glória de Deus."

Orando três vezes ao dia por ajudantes

"Como na ocasião do segundo, assim também o fiz no caso do novo orfanato — o terceiro; orei diariamente pelos ajudantes e assistentes necessários para os vários departamentos. Antes que qualquer pedra fosse assentada, comecei a orar por isso. Conforme a construção progredia, eu continuava, diariamente, a levar tal questão diante de Deus, sentindo-me seguro de que, como em todo o restante, assim também quanto a essa particularidade, Ele graciosamente se agradaria de se colocar em nosso favor e nos auxiliar, pois toda a obra é destinada à Sua honra e glória.

"Finalmente aproximava-se o dia em que a casa poderia ser aberta e o tempo, portanto, para que as inscrições, realizas previamente por escrito durante mais de dois anos, fossem avaliadas para o preenchimento dos vários postos. Entretanto, descobrimos agora que, embora tivéssemos em torno de 50 inscrições aos vários cargos, algumas posições não poderiam ser preenchidas, porque, ou as pessoas que para elas se candidataram eram casadas ou foram consideradas, por análise, inadequadas. Essa não foi uma pequena provação de fé; pois, todos os dias, durante anos, eu havia pedido a Deus que me auxiliasse quanto a essa particularidade, como Ele tinha feito no caso do segundo orfanato. Eu havia também esperado ajuda, esperado com confiança e, contudo, agora quando tal ajuda *parecia* ser necessária, estava em falta. O que deveria ser feito, caro leitor? Teria sido correto acusar Deus de infidelidade? Teria sido correto desconfiar dele? Teria sido correto dizer: é inútil orar? De modo algum. Isto, pelo contrário, foi o que fiz: agradeci o Senhor por toda a ajuda que Ele havia dado a mim com relação a toda a ampliação. Agradeci-lhe por me capacitar a vencer tantas e enormes dificuldades; agradeci a Ele pelos ajudantes que Ele havia me concedido para o segundo orfanato; agradeci-lhe, também, pelos ajudantes que Ele já havia providenciado para o terceiro.

Os novos orfanatos em Ashley Down

Em lugar de desconfiar de Deus, olhei para esse atraso da resposta plena à oração apenas como uma provação de fé e, portanto, decidi que, em lugar de orar sobre essa questão *uma vez* ao dia com minha querida esposa, como vínhamos fazendo dia após dia durante anos, deveríamos agora encontrar-nos *três vezes* para levar isso diante de Deus. Também apresentei a questão diante de toda a equipe de meus ajudantes na obra pedindo-lhes oração. Assim tenho eu agora continuado a fazer durante mais quatro meses, em média, dia após dia clamando a Deus três vezes em razão de tal necessidade, e o resultado tem sido que um ajudante após o outro tem sido concedido sem que o auxílio venha tarde *demais*, ou que a obra se torne uma confusão, ou que a recepção das crianças seja impedida; e eu estou plenamente certo de que os poucos que ainda faltam serão encontrados quando forem *verdadeiramente* indispensáveis."

Dificuldades removidas após oração e paciência

A seguir, George Müller relata os incidentes relacionados com a compra do terreno para o quarto e quinto orfanatos, após receber cinco mil libras para o fundo de construção:

"Eu tinha agora em mãos, mediante tudo o que havia entrado desde 26 de maio de 1864, incluindo essa última doação mencionada, a quantia de 27 mil libras. Esperei pacientemente pelo tempo de Deus. Havia me determinado a nada fazer até que tivesse todo o valor referente à metade da soma necessária para as duas casas. Mas agora, tendo mais que 2 mil libras acima da metade total, senti-me, após novamente buscar conselho de Deus, verdadeiramente feliz em dar os próximos passos para a compra do terreno.

Meus olhos, durante anos, estiveram direcionados a uma bela porção de terra nas imediações do local onde o terceiro orfanato está construído, separado apenas pela rodovia do pedágio. A área tem em torno de 18 acres, com uma pequena casa e com anexos construídos em um dos lados do terreno. Centenas de vezes orei, nos últimos anos, para que Deus, por amor a Jesus, me considerasse digno de ter permissão para construir mais dois orfanatos naquele terreno e centenas de vezes contemplei com olhos de oração fervorosa aquela terra. Sim, de certo modo, orvalhei-a com minhas orações. Eu poderia tê-la comprado anos atrás, mas isso significaria passar à frente do Senhor. Há anos eu tinha dinheiro suficiente em mãos para pagar por ela, mas desejava esperar de modo paciente e submisso pelo tempo de Deus e que Ele indicasse clara e distintamente que Seu tempo havia chegado, para que o passo que eu desse estivesse de acordo com Sua vontade; pois o que quer que eu aparentemente tenha conquistado, se a obra fosse minha, e não do Senhor, eu não poderia esperar bênção alguma. Porém, agora os pensamentos do Senhor estavam clara e distintamente manifestos. Eu tinha dinheiro suficiente em mãos para pagar pelo terreno e construir uma casa e, portanto, fui adiante após ainda ter pedido orientação do Senhor e estar certo de que era Sua vontade que eu desse passos ativos. A primeira atitude que tomei foi ver o agente que representava o dono da terra e perguntar a ele se o terreno estava à venda. Ele respondeu que sim, mas que estava arrendado até 25 de março de 1867. Ele disse que escreveria informando-me o preço. Aqui apresentou-se imediatamente uma grande dificuldade: o terreno estava arrendado por um período de dois anos e quatro meses à frente, ao passo que parecia desejável que eu pudesse tomar posse dele dentro de seis meses, assim que a transferência pudesse ser feita, o projeto para o quarto orfanato estivesse pronto e os ajustes fossem feitos com os empreiteiros. Mas não me desencorajei com esse impedimento, pois esperava, por meio da oração, fazer ajustes agradáveis e satisfatórios com o inquilino, estando disposto a dar a ele uma justa remuneração por sair do terreno antes que o prazo expirasse. No entanto, antes que eu tivesse tempo de lidar com isso, duas outras grandes dificuldades se apresentaram: uma era que o proprietário pediu sete mil libras pelo terreno, o que eu julgava ser consideravelmente mais do que seu valor; e a outra era, conforme ouvi, que a Bristol Waterworks Company pretendia fazer um reservatório adicional para a água exatamente naquele terreno e conseguir um Ato do Parlamento aprovado para esse efeito.

"Pare aqui por um momento, caro leitor. Você viu como o Senhor me trouxe até aqui com relação aos meios pecuniários, a ponto de que eu agora me sentia convencido de ir adiante. Posso acrescentar que fui trazido a esse ponto como resultado das milhares de vezes em que orei com relação a esse objetivo e porque havia também muitas centenas de crianças aguardando admissão. E, contudo, após o próprio Senhor tão evidentemente apresentar-se em nosso favor pela doação de cinco mil libras, Ele permite esse aparente golpe fatal contra todo o projeto. Mas desse modo descobri, centenas de vezes, desde que vim a conhecer o Senhor: as dificuldades que Ele se agrada em permitir que se levantem são apenas permitidas sob tais circunstâncias para o exercício de nossa fé e paciência; e mais oração, mais paciência e o exercício da fé removerão as tais dificuldades. Agora, como eu conhecia o Senhor, tais dificuldades não eram intransponíveis para mim, pois coloco minha confiança nele segundo esta palavra: "O Senhor é também alto refúgio para o oprimido, refúgio nas horas de tribulação. Em ti, pois, confiam os que conhecem o teu nome, porque tu, Senhor, não desamparas os que te buscam" (Salmo 9:9-10). Portanto, entreguei-me sinceramente à oração a respeito desses três desafios que se levantaram com relação ao terreno. Orei muitas vezes, diariamente, sobre a questão e utilizei os seguintes meios: 1. Visitei o Comitê em exercício de Diretores da Bristol Waterworks Company para falar sobre o projeto de seu reservatório no terreno que eu estava prestes a comprar e afirmei a eles o que eu havia visto por escrito referente às suas intenções. Eles, cortesmente, afirmaram a mim que somente uma pequena porção do terreno seria necessária, não o suficiente para interferir em meu propósito e que, se pudesse ser evitado, até mesmo essa pequena porção não seria tomada. 2. Estando isso estabelecido, fui, então, visitar o inquilino, após muitas orações, pois desejava, como cristão, que, se o tal terreno fosse comprado, deveria ser feito sob circunstâncias amigáveis quanto ao inquilino. Na primeira entrevista, declarei-lhe minhas intenções, ao mesmo tempo expressando meu desejo de que a questão fosse estabelecida de modo agradável em relação a ele. Aquele senhor disse que consideraria a questão e desejava alguns dias para esse propósito. Após uma semana, eu o vi novamente, e ele, então, cordialmente afirmou que, como o terreno era procurado para tal objetivo, não ficaria no caminho, mas, que como havia definido um bom acordo pela casa e pelo terreno, esperava uma compensação por deixá-los antes que seu prazo se encerrasse. Como eu, obviamente, estava bastante disposto a dar uma compensação *justa* e *sensata*, considerei esta uma resposta muito preciosa à oração. 3. Agora eu adentraria a terceira dificuldade: o preço do terreno. Eu bem sabia quanto o terreno valia para a Instituição dos Órfãos, mas seu valor para a Instituição não era o valor de mercado. Entreguei-me, portanto, à oração, dia após dia, para que o Senhor constrangesse o proprietário a aceitar uma soma consideravelmente menor que aquela que ele pedira; também lhe indiquei por que o terreno não valia tanto quanto ele pedia. Finalmente ele concordou em aceitar 5.500 libras em lugar de 7.000, e aceitei a oferta, pois eu sabia que, pela natureza do terreno, nós deveríamos economizar uma soma considerável para as duas casas e que, pelo novo esgoto, que apenas há alguns meses fora terminado, correndo abaixo da estrada do pedágio próxima ao campo, seríamos consideravelmente beneficiados. Em acréscimo a esses dois pontos, eu precisava levar em conta que podemos ter gás de Bristol, como já acontece nos três orfanatos. E, finalmente, o ponto mais importante de todos: a proximidade desse terreno às outras três casas, de modo que todas poderiam facilmente estar sob a mesma direção e superintendência. Na verdade, nenhuma outra porção de terra, próxima ou distante, apresentaria tantas vantagens a nós como o referido local que o Senhor assim tão bondosamente nos concedeu. Estando tudo agora estabelecido, prossegui para que o terreno fosse transferido aos mesmos curadores dos Orfanatos número 1, 2 e 3. Eu me ative minuciosamente nessas várias questões para o encorajamento do leitor, para que ele não se desencoraje pelas dificuldades, independentemente de quão grandes, numerosas e variadas possam ser, mas se entregue à oração confiando no Senhor para ajudá-lo. Sim, esperando auxílio que, em Seu próprio tempo, Ele certamente concederá."

Quarto e quinto orfanatos

"5 de março de 1874. Ambas as casas, a quarta e a quinta, estão agora já há anos em funcionamento. A casa quatro, desde novembro de 1868, e a casa cinco, desde o início do ano de 1870. Mais de 1.200 órfãos já foram recebidos nelas e, mês após mês, mais são recepcionados conforme os órfãos ali residentes são enviados como aprendizes ou já empregados. Ademais, todas as despesas relacionadas à construção das casas, para mobiliá-las e equipá-las foram totalmente cobertas conforme as demandas surgiam e, após tudo ter sido pago, houve um saldo de muitos milhares de libras, que está sendo usado para a manutenção das casas. Veja, caro leitor, o quão abundantemente Deus respondeu às nossas orações e como é claro que não estávamos equivocados após termos buscado em oração, e com paciência, averiguar Sua vontade. Seja encorajado, portanto, a confiar mais e mais no Deus Vivo."

Perguntas para estudo bíblico

1. Leia o Salmo 9:9-10.
2. O que a passagem nos diz sobre Deus com relação ao fato de que Ele permitiria opressão e aflições, mas se coloca como refúgio em meio a todas elas?
3. O que significa conhecer o nome de Deus? Quais os Seus você conhece?

Perguntas para reflexão pessoal

1. Müller disse: "As dificuldades que Ele se agrada de permitir que se levantem são apenas permitidas sob tais circunstâncias para o exercício de nossa fé e paciência; e mais oração, mais paciência e o exercício da fé removerão as dificuldades. Agora, como eu conhecia

o Senhor, essas dificuldades não eram intransponíveis para mim, pois coloco minha confiança nele", conforme as palavras do Salmo 9:9-10. Pense em um momento quando algo pelo que você estava passando parecia intransponível. Quais foram seus pensamentos com relação a Deus em tal período?

2. Olhando para trás, quais são os atributos de Deus que Ele revelou a você durante a referida provação? Seja específico com relação ao atributo e ao modo como o atributo foi refúgio para você (mesmo que naquele momento você não pudesse perceber).

3. Müller disse: "Observe então, primeiro, caro leitor, quanto tempo pode se passar antes que uma resposta plena às suas orações, até mesmo a milhares e dezenas de milhares de orações, seja concedida, ainda que essas orações sejam orações devotas, orações sinceras e oferecidas no nome do Senhor Jesus e embora desejemos a resposta apenas pela honra de nosso Senhor; pois eu, de fato, pela graça de Deus, sem a menor dúvida e hesitação, procurei durante mais de 11 anos a resposta plena e buscava nessa questão apenas a glória de Deus". Pense em uma ocasião em que você orou sinceramente a Deus sobre algo que você sabia que o agradaria e precisou esperar Sua resposta, talvez por um longo período. Como o buscar "...nesta questão apenas a glória de Deus" afeta sua paciência? De que maneiras isso tentaria sua fé, aumentaria sua fé, amedrontaria ou daria paz a você?

Oração

Pai, tu és meu Provedor, aquele que me cura, és meu Amigo, meu Pastor, meu Rei, meu único bem. Tu és fiel, bondoso, gentil, justo, amável e ainda mais. Ensina-me o que significa conhecer-te em todos os Teus caminhos. Conhecer não apenas Teus nomes, mas vivenciar Tua fidelidade aos Teus nomes conforme se tornam evidentes em minha vida. Ensina-me a estar em busca de Tua fidelidade, Tua bondade, Tua generosidade, Tua afabilidade e ainda mais — mesmo que signifique que preciso ter falta ou estar em dor ou sofrimento para enxergar isso. Mostra-me como o Senhor está sendo meu refúgio em minha vida hoje e como tens sempre sido um refúgio. Peço hoje que me dês o dom de mais fé e que, com o dom da fé, eu seja obediente a tudo o que pedires para eu fazer, pedir e dizer. Em nome do Teu Filho. Amém.

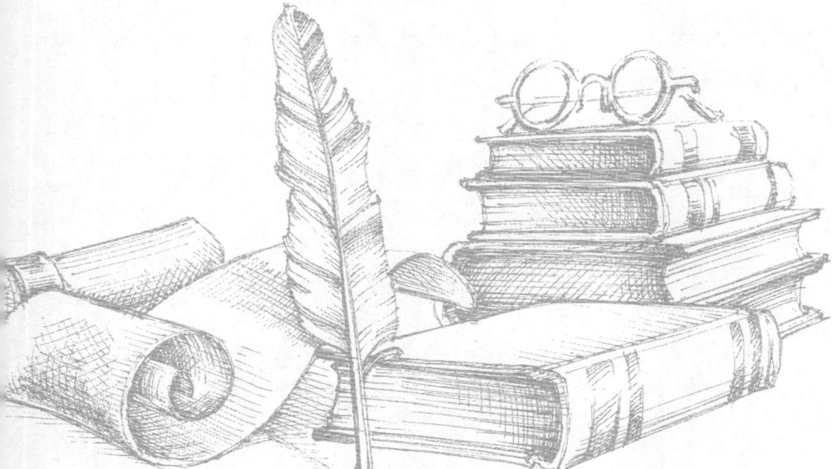

Capítulo 3

PRECIOSAS RESPOSTAS À ORAÇÃO

De modos notáveis, Deus auxiliou George Müller como as narrativas demonstram:

O primeiro retorno do Artista
"30 de abril de 1859. Recebi a seguinte carta enviada de uma distância considerável: 'Meu caro irmão cristão, eu sou o marido da Sra. _____, que envia a você por esta correspondência estes dois soberanos. Como poderíamos melhor dedicar essa relíquia de recordação afetuosa, senão depositando-a no banco de Cristo, que sempre paga os melhores juros e nunca falha? Agora, meu melhor e espiritual conselheiro, eu não consigo expressar a você a sobrepujante grandiosa alegria que sinto em relação ao que segue. Eu sou um artista, um artista *pobre*, pintor de paisagens. Cerca de duas semanas atrás, enviei um quadro

a Bristol para uma exibição, exatamente quando terminei de ler o seu livro que nos foi emprestado. Eu, muito humilde e sinceramente, orei a Deus para que me capacitasse, pela venda de meu quadro em Bristol, a ter o bendito privilégio de enviar a você *metade do provento*. O preço do quadro é 20 libras. Agora note: imediatamente após a exibição ser aberta, Deus, em Sua misericórdia, atento à minha oração, enviou-me um comprador. Eu já fizera exibições em Bristol em outras ocasiões, *mas nunca vendi* um quadro. Ó! Meu caro amigo, meu coração salta de alegria. Nunca estive tão próximo de Deus. Mediante você ter se colocado como instrumento, fui capaz de me aproximar de Deus com mais seriedade, mais fé, mais desejos santos. Este é o *primeiro retorno* com que Deus me abençoou em todos os meus trabalhos nos últimos anos. Que bênção ter dele tal retorno! Ó, com que alegria leio seu livro! O quadro do qual falo está agora sendo exibido na academia de artes em Clifton, numerado no catálogo ____, o título é____. Eu não posso lhe enviar minha doação até o fechamento da exibição, visto que não serei pago até então, etc.'". Recebi milhares cartas como essa durante os últimos 40 anos."

O vento norte transformou-se em vento sul

"Foi perto do fim de novembro de 1857 quando fui inesperadamente informado de que a caldeira de nosso sistema de aquecimento na casa 1 estava com um vazamento considerável, de modo que era impossível passar o inverno com tal vazamento. Nosso sistema de aquecimento consiste em uma grande caldeira cilíndrica dentro da qual o fogo é mantido e com a qual os canos de água que aquecem os cômodos estão conectados. O ar quente também é conectado a esse sistema. A caldeira fora considerada adequada para o trabalho do inverno. Suspeitar que estava desgastada e nada fazer para substituí-la por uma nova e ainda declarar 'Eu confio em Deus com relação a isso' seria presunção imprudente e não fé nele. Seria uma falsificação da fé.

"A caldeira é inteiramente cercada por uma parede de tijolos. Sua condição, portanto, poderia não ser conhecida sem que se derrubasse a parede. Isso, caso fosse imprescindível, seria mais danoso para a caldeira do que o contrário, e, contando que por oito invernos não tínhamos tido dificuldade dessa natureza, não a havíamos previsto agora. Mas, repentina e muito inesperadamente, essa dificuldade ocorreu no início do inverno. O que, então, deveria ser feito? Eu estava profundamente preocupado com as crianças, especialmente os menorezinhos, pois não desejava que sofressem pela falta de aquecimento. Mas como obteríamos aquecimento? A implantação de uma *nova* caldeira provavelmente exigiria várias semanas. A *reparação* da caldeira era um ponto questionável, em razão da extensão do vazamento; porém isso exigiria, ao menos pelo que poderíamos julgar, alguns dias, e o que deveria ser feito neste ínterim para encontrar quartos aquecidos para 300 crianças? Naturalmente cogitei a possibilidade de usarmos fogareiros a gás provisórios, mas, ao considerar posteriormente a questão, concluí que seríamos incapazes de aquecer nossas grandes acomodações com gás, a menos que tivéssemos muitos fogareiros, algo que não poderíamos implementar, visto que não tínhamos quantidade de gás suficiente de nosso sistema de iluminação para dispor para este fim. Além disso, precisaríamos de uma pequena chaminé para cada um desses fogareiros a fim de expelir o ar impuro. Esse modo de aquecimento, portanto, embora aplicável a um corredor, uma escadaria ou loja, não seria adequado ao nosso propósito. Também pensei na implementação temporária de fogões a lenha ou a carvão, mas seriam inadequados, posto que exigem longas chaminés que passem pelas janelas e seriam apenas temporários. Por essa razão, a incerteza de que esses fogões resolveriam nosso caso e descaracterizariam os quartos levaram-me a abrir mão deste plano também. Mas o que deveria ser feito? Eu pagaria alegremente 100 libras se, com isso, a dificuldade pudesse ser vencida e as crianças não fossem expostas ao sofrimento por muitos dias estando em quartos frios. Finalmente determinei que cairíamos inteiramente nas mãos de Deus, que é muito misericordioso e de compaixão terna, e decidi que a câmara de tijolos seria aberta para verificarmos a extensão do dano e se a caldeira poderia ser reparada de modo a nos permitir passar pelo inverno.

    Foi estabelecido o dia em que os trabalhadores viriam, e todos os arranjos necessários foram feitos. O fogo, é claro, precisou ser apagado enquanto os reparos ocorriam. Mas, agora, veja, após o dia para os reparos ter sido marcado, um desolador vento norte manifestou-se. Começou a soprar na quinta ou na sexta anterior à tarde de quarta-feira em que o fogo deveria ser apagado. Havia chegado o primeiro clima realmente frio que teríamos no começo daquele inverno durante os primeiros dias de dezembro. O que deveria ser feito? Os reparos não podiam ser adiados. Agora, eu pedia duas coisas ao Senhor: que Ele se agradasse de transformar o vento norte em vento sul e que Ele desse aos trabalhadores 'ânimo para trabalhar', pois me lembrei do quanto Neemias executou em 52 dias enquanto construía os muros de Jerusalém porquanto '…o povo tinha ânimo para trabalhar'. Bem, o memorável dia chegou. Na noite anterior, o desolador vendo norte ainda soprava, mas na quarta-feira, o vento sul soprou; exatamente como orei. O clima estava tão ameno que não foi preciso fogo algum. Os tijolos foram removidos, o vazamento encontrado muito rapidamente, os fabricantes da caldeira começaram o reparo com muita seriedade. Em torno de 8h30 da noite, quando eu estava indo para casa, fui informado no abrigo que o diretor em exercício da firma de onde os fabricantes da caldeira vieram tinha chegado para ver como o trabalho estava se desenvolvendo e se podia, de alguma forma, acelerar o processo. Portanto, fui imediatamente até o porão para vê-lo com os homens, procurando agilizar o trabalho. Ao conversar com o diretor sobre isso, ele disse sobre os trabalhadores: 'Os homens trabalharão até tarde hoje à noite e voltarão muito cedo amanhã'.

"'Nós preferiríamos, senhor', disse o responsável, 'trabalhar a noite toda'. Então lembrei-me da segunda parte de minha oração: que Deus desse aos homens 'ânimo para trabalhar'. Assim foi; pela manhã o reparo estava concluído, o vazamento fora extinto, ainda que com grande dificuldade, e, depois de 30 horas de trabalho ao todo, em média, os tijolos estavam no lugar novamente e o fogo na caldeira. E, durante todo esse tempo, o vento sul soprou tão suavemente que não houve necessidade alguma de fogo.

"Eis, então, uma de nossas dificuldades que foi vencida pela oração e pela fé."

Conversão dos órfãos

"26 de maio de 1860. Dia após dia e ano após ano, pela ajuda de Deus, labutamos em oração pelo benefício espiritual dos órfãos sob nossos cuidados. Nossas súplicas, que ao longo de 24 anos são levadas diante de Deus com relação a eles, foram abundantemente respondidas, em anos anteriores, com a conversão de centenas de órfãos. Nós também tivemos repetidas épocas em que, em curto período, ou até mesmo ao mesmo tempo, *muitos* deles se converteram. Algo semelhante ocorreu há três anos quando, em poucos dias, em torno de 60 deles passaram a crer no Senhor Jesus; e nós tivemos novamente épocas como essa mais duas vezes durante o primeiro ano. A primeira foi em julho de 1859, quando o Espírito de Deus agiu tão poderosamente em uma escola de 120 meninas, que um grande número delas, sim, mais da metade, foi levada a grande inquietação quanto à salvação de sua alma. Tal obra, ademais, não era um mero entusiasmo momentâneo, pois, após terem transcorrido mais de 11 meses, há 31 meninas sobre as quais há *plena* confiança de conversão, e 32 sobre as quais há, de igual forma, uma grande medida de confiança, embora não na mesma intensidade referente às 31. Há, portanto, 63 das 120 órfãs nesta escola, em particular, que são consideradas como tendo sido convertidas em julho de 1859. Essa abençoada e poderosa obra do Espírito Santo não pode ser associada a nenhuma causa específica. Foi, contudo, uma resposta sobretudo preciosa à oração. Por obra como essa ansiamos e somos por ela encorajados a permanecer esperando em Deus. A segunda época do poderoso agir do Espírito Santo entre os órfãos, durante o ano que se passou, foi ao fim de janeiro e início de fevereiro de 1860. Esta começou entre a classe de crianças mais novas sob nossos cuidados: menininhas de 6, 7, 8 e 9 anos. Estendeu-se então às meninas mais velhas e então aos meninos, de modo que, dentro de 10 dias, mais de 200 órfãos foram despertados a afligirem-se pela própria alma deles e, em *muitos* casos, encontraram paz *imediatamente*, por meio da fé em nosso Senhor Jesus. Eles logo solicitaram permissão para estabelecer reuniões de oração entre si, e essas reuniões têm acontecido desde então. Muitos deles também manifestaram preocupação com a salvação de seus colegas e parentes e falaram com eles ou lhes escreveram sobre o caminho para ser salvo."

George Müller

Profissionalizando os órfãos

"No início do verão de 1862, percebemos que tínhamos vários meninos que precisavam ser profissionalizados, mas não tínhamos requerimentos de patrões que precisassem de aprendizes. Posto que todos os nossos meninos são enviados como aprendizes internos, essa não era uma dificuldade insignificante, pois, não apenas procuramos patrões cristãos, mas consideramos qual é seu negócio e examinamos o cargo para averiguar se são adequados. Além disso, o patrão deve também estar disposto a receber o aprendiz em sua própria família. Sob essas circunstâncias, novamente nos entregamos à oração com relação a essa questão, como havíamos feito anteriormente por mais de 20 anos, em lugar de divulgar isso, o que, com alta probabilidade, traria apenas patrões que desejam aprendizes devido à bonificação. Nós nos lembramos de quão bom o Senhor foi conosco ao auxiliar-nos nessa questão antes, centenas de vezes. Algumas semanas se passaram, e a dificuldade permanecia. Contudo continuamos em oração, e, então, uma requisição foi feita e então outra. Desde que começamos a orar sobre esse assunto, no verão passado, foi-nos possível enviar ao todo 18 meninos até 26 de maio de 1863. A dificuldade foi, assim, inteiramente superada pela oração, dado que todos os meninos, a quem era recomendável enviar, foram enviados."

Enfermidade no orfanato
A enfermidade, por vezes, visitava as casas. "Durante o verão e outono de 1866, tivemos também casos de sarampo em três dos orfanatos. Após a doença se manifestar, nossa oração especial era: 1. Para que não houvesse muitas crianças doentes ao mesmo tempo, de modo que nossas acomodações nos quartos da enfermaria fossem suficientes. Essa oração foi respondida plenamente, pois, embora tenhamos tido no orfanato número um nada menos que 83 casos, no número dois, ao todo, 111, e no número três, ao todo, 68. No entanto, Deus tão graciosamente se agradou de ouvir nossas súplicas que, quando nossos quartos disponíveis estavam ocupados com os enfermos, o Senhor, nesse período, suspendeu a propagação do sarampo até que um número suficiente de crianças estivessem restauradas, dando, assim, espaço para outras que adoecessem. 2. Posteriormente oramos para que as crianças que adoeceram pudessem, com segurança, passar pelo processo e não morressem. E assim foi. Tivemos a resposta plena às nossas orações: embora 262 crianças, ao todo, tivessem contraído sarampo, nenhuma sequer morreu. 3. Finalmente oramos para que nenhuma consequência física perniciosa seguisse tal doença, como tão frequentemente acontece. Isso também nos foi concedido. Todas as 262 crianças não apenas se recuperaram, mas passaram bem posteriormente. Eu, em gratidão, registro tal indicador de misericórdia e bênção de Deus e essa plena e preciosa resposta à oração, para a honra de Seu nome."

George Müller

Auxílio para os irmãos necessitados

1863: "O fim do ano agora se aproximava e, ao rematar as contas, era meu desejo sincero fazer mais uma vez tudo o que podia para enviar auxílio aos trabalhadores do evangelho que estavam em necessidade. Portanto, passei pela lista, escrevendo ao lado dos nomes daqueles a quem eu ainda não havia enviado oferta, qual montante parecia conveniente enviar e descobri, quando tais quantias foram somadas, o total de 476 libras, mas tudo o que eu tinha em mãos era 280 libras. Assim sendo, preenchi um cheque de 280 libras, embora teria, de bom grado, enviado 476 libras; contudo, senti-me grato ao mesmo tempo por ter tal quantia disponível para esses irmãos. Tendo feito o cheque, como a última ocupação do dia, chegou então o momento habitual de oração pelas muitas coisas que eu diariamente levo diante de Deus por Sua ajuda. Então novamente coloquei em Sua presença o caso desses pregadores do evangelho e supliquei ao Senhor que se agradasse de conceder-me uma grande soma para eles, embora faltassem três dias para o fechamento do nosso ano. Feito isso, fui para casa em torno das 9h da noite e descobri que tinha chegado, de uma longa distância, o valor de 100 libras para Missões, com 100 libras restantes à minha disposição e 5 libras para mim. Peguei o total de 200 libras para Missões e assim completei as 480 libras para suprir aquilo que desejava enviar. Aqueles que conhecem a bem-aventurança de realmente confiar em Deus e receber dele auxílio, como nesse caso, em resposta à oração, poderão entrar no deleite espiritual que tive ao receber tal doação em que tanto a resposta à oração foi concedida quanto, com ela, o grande deleite de alegrar o coração de muitos servos devotos de Cristo."

O desejo do coração determinado a ajudar no trabalho missionário na China

"30 de setembro de 1869. De Yorkshire, 50 libras. Recebi também 1.000 libras hoje para a obra do Senhor na China. Sobre essa doação deve ser especialmente observado que durante meses fora meu desejo sincero fazer mais do que nunca pela obra missionária na China, e eu já havia dado os passos para executar tal desejo, quando uma doação de 1.000 libras chegou às minhas mãos. Essa preciosa resposta à oração por recursos deveria ser um encorajamento especial a todos que estão envolvidos na obra do Senhor e que necessitam de meios para realizá-la. Tal resposta prova, novamente, que, se nossa obra é a obra de Deus e se o honramos ao esperarmos nele e olharmos para Ele para obter os recursos, Ele certamente, em Seu próprio tempo, enviá-los-á."

A alegria por respostas à oração

"A alegria que as respostas à oração nos propicia não pode ser descrita; e o incentivo que fornece à vida espiritual é extremamente grandioso. Desejo a todos os meus leitores cristãos a experiência de tal felicidade. Se você, de fato, crê no Senhor Jesus para a salvação da sua alma, se caminha de modo íntegro e não estima a iniquidade em seu coração, se você continua a esperar pacientemente e crendo em Deus, então as respostas certamente serão concedidas às suas orações. Você pode não ser chamado a servir ao Senhor da forma como o escritor o faz e, portanto, pode nunca ter respostas à oração concernente àquilo que aqui é registrado, mas em suas várias circunstâncias, sua família, seus negócios, sua profissão, seu ministério na igreja, seu trabalho para o Senhor etc., você poderá ter respostas tão distintas como qualquer uma aqui registrada."

A grande necessidade de ser salvo pela fé em Cristo Jesus

"Caso isto, entretanto, seja lido por qualquer um que não seja crente no Senhor Jesus, mas que está prosseguindo na leviandade ou autojustificação de seu coração não renovado, eu, então, suplicaria à tal pessoa seriamente, acima de tudo, que se reconcilie com Deus pela fé no Senhor Jesus. Você é pecador e como tal merece punição. Caso não perceba isso, peça a Deus que o mostre a você. Que essa seja agora sua primeira e principal oração. Peça a Deus também que o elucide, não meramente com relação a seu estado por natureza, mas, em especial, que revele o Senhor Jesus a seu coração. Deus enviou Seu Filho para que Ele carregasse a punição devida a nós, pecadores culpados. Deus aceita a obediência e os sofrimentos do Senhor Jesus no lugar daqueles que dele dependem para a salvação da alma deles; e, no momento em que um pecador crê no Senhor Jesus, ele recebe o perdão de todos os seus pecados. Quando assim ele é reconciliado com Deus, pela fé no Senhor Jesus, e obtém o perdão de seus pecados, tem ousadia para entrar na presença de Deus, para expor seus pedidos a Ele. E, quanto mais o pecador é capacitado a perceber que seus pecados estão perdoados e que Deus, por amor a Cristo, muito se agrada daqueles que nele creem, mais preparado estará para se aproximar de seu Pai Celestial com todas as suas necessidades, tanto temporais quanto espirituais, para que Ele as possa suprir. Mas, enquanto a percepção de pecados não perdoados permanecer, seremos mantidos distantes de Deus, especialmente a respeito da oração. Portanto, caro leitor, se você é um pecador não perdoado, que sua primeira e principal oração seja que Deus se agrade de revelar o Senhor Jesus, Seu Filho amado, a seu coração."

Uma reposta dupla

"25 de julho de 1865. Da vizinhança de Londres, vieram 100 libras com a seguinte carta: 'Meu caro senhor, creio que é por meio do agir do Senhor em mim que eu envio a você um cheque do Banco da Inglaterra, Filial Oeste, no valor de 100 libras. Espero que seus afazeres estejam indo bem. Atenciosamente, no Senhor'.

"Esse cavalheiro cristão, a quem eu nunca vi e que está engajado em um grande negócio em Londres, tinha enviado várias vezes antes uma quantia semelhante. Um dia ou dois antes de receber essa última gentil doação, pedi ao Senhor que Ele se agradasse de influenciar o coração desse doador a auxiliar-me novamente, o que eu nunca fizera antes com relação a ele. E assim tive a resposta dupla à oração, em que não apenas o dinheiro veio, mas veio *dele*. O leitor saberá qual é o significado na carta do doador quando escreveu: 'creio que é por meio do agir do Senhor em mim que eu envio a você um cheque'. Em verdade foi o Senhor que agiu nesse cavalheiro para enviar-me tal quantia. Talvez o leitor possa pensar que, ao admitir o recebimento dessa doação, eu tenha escrito ao doador o que aqui declarei. Não o fiz. Minha razão para não fazer isso foi para que ele não considerasse que eu passava por necessidade específica e pudesse ter sido influenciado a enviar mais. Em verdadeiramente conhecer o Senhor, em realmente apoiar-se nele, e somente nele, não há necessidade de dar sugestões direta ou indiretamente, pelas quais indivíduos podem ser induzidos a ajudar. Eu poderia ter escrito ao doador que preciso de uma quantia considerável dia após dia (o que era, de fato, o caso) para as despesas vigentes referentes a vários itens da Instituição e poderia ter contado a ele, naquele momento, que ainda necessitava de 20 mil libras para ser capaz de pagar todas as despesas relacionadas à ampliação prevista da obra do orfanato. Mas minha prática é nunca fazer menção a nenhuma dessas coisas em minha correspondência com os doadores. Quando o relatório é publicado, todos podem ver, daqueles que desejam verificar, como as questões se colocam; e assim deixo tudo nas mãos de Deus para que fale em nosso favor ao coração de Seus mordomos. E isso

Ele faz. Verdadeiramente Deus não nos deixa em uma sala de espera!"

Cristãos em negócios

"1.º de janeiro de 1869. Da Escócia, recebemos 50 libras para Missões, 25 libras para a circulação das Santas Escrituras e 25 libras para a circulação de panfletos. Recebemos também, de uma distância considerável, 10 libras para esses objetivos com mais 10 libras para os órfãos. Sobre essa última doação faço algumas observações. Logo no começo do ano de 1868, um comerciante cristão escreveu-me pedindo conselho para assuntos, em seus negócios, particularmente difíceis. Sua carta demonstrou que ele tinha desejo de andar nos caminhos do Senhor e exercer seus negócios para a glória de Deus, mas as suas circunstâncias tinham caráter altamente tentador. E, portanto, escrevi a ele que viesse a Bristol para que eu pudesse aconselhá-lo. Assim, aquele homem empreendeu a longa jornada, e tive uma reunião com ele, por meio da qual vi sua posição sobremaneira tentadora nos negócios. Conversei com ele e dei-lhe o seguinte conselho: 1. Que ele deveria, dia após dia, expressamente com esse propósito, retirar-se com sua esposa cristã, para que unidos pudessem expor suas dificuldades nos negócios diante de Deus em oração e, se possível, fazer isso, duas vezes ao dia. 2. Que ele deveria buscar respostas às suas orações e esperar que Deus o auxiliasse. 3. Que ele deveria evitar todos os embustes comerciais, tal como expor como liquidação dois ou três artigos que estão na verdade marcados com preço abaixo do custo com o objetivo de atrair clientes, por ser impróprio a um discípulo do Senhor Jesus utilizar tais artifícios. Se ele assim agisse, não poderia contar com a bênção de Deus. 4. Aconselhei-o ainda a separar, à parte de seus lucros, semana após semana, uma certa parcela para a obra de Deus, independentemente de seu rendimento ser muito ou pouco, e investir tal rendimento fielmente para o Senhor. 5. Finalmente, pedi-lhe que ele me informasse, mês após mês, como o Senhor vinha lidando com ele. O leitor ficará fascinado por saber que desde então o Senhor agradou-se de prosperar os negócios desse caro irmão cristão, de modo que seus lucros, a partir de 1.º de março de 1868 até 1.º de março de 1869, foram de 9.138 libras, 13 xelins e cinco pence, enquanto, no mesmo período do ano anterior, foram apenas 6.609 libras, 18 xelins e três pence; logo 2.528 libras, 15 xelins e dois pence a mais do que o ano anterior. Quando ele me enviou a doação referida acima, ele também escreveu que fora possível separar para a obra de Deus ou as necessidades dos pobres 123 libras, 13 xelins e 3 pence durante o ano que se passou. Aloguei-me tão detalhadamente nesse caso, pois comerciantes cristãos podem ser beneficiados por isso."

Avivamento nos orfanatos

"Ao fornecer as estatísticas do ano anterior, 1871–72, já me referi à grande bênção espiritual que o Senhor se agradou de conceder à obra com os órfãos ao fim daquele ano e início deste. No entanto, como esse é um assunto tão profundamente importante, vou de certa forma complementá-lo e nele me aprofundar aqui. Foi afirmado antes que a condição espiritual dos órfãos geralmente nos causava grande pesar de coração, porque havia pouquíssimos, comparativamente, entre eles que estavam convictos sobre suas almas e repousando na unção do Senhor Jesus para salvação. Esse nosso pesar nos levou a estabelecer para toda a equipe de assistentes, diretoras e professores, que buscassem sinceramente a bênção do Senhor para a alma das crianças. Isso foi feito em nossas reuniões de oração e, tenho motivo para crer, também em secreto. Em resposta às nossas orações em secreto e em reuniões, no último ano de 1872 houve, como resultado, muito mais conversões do que antes entre os órfãos. Em 8 de janeiro de 1872, o Senhor começou a agir entre eles e tal ação permaneceu, em certo grau, posteriormente. No novo orfanato, o número três, mostrou-se em menor grau, até que o Senhor se agradou de repousar fortemente Sua mão sobre essa casa, por meio da varíola, e desde então o agir do Espírito Santo foi sentido também naquela casa, particularmente em uma área. Ao fim de julho de 1872, recebi os depoimentos de todas as diretoras e professoras nas cinco casas, que reportaram a mim que, após cuidadosa observação e conversa, tinham boa razão para crer que 729 dos órfãos sob nossos cuidados criam no Senhor Jesus. Esse número de órfãos cristãos é seguramente o maior que já tivemos, pelo qual adoramos e louvamos o Senhor! Veja como Deus anulou o grande julgamento suscitado pela varíola e o transformou em uma grande bênção! Veja também como, após um estado tão decaído, comparativamente, que nos levou à oração, oração sincera, o agir do Espírito Santo foi mais manifesto que nunca!"

As turnês missionárias de George Müller

No ano de 1875, aos 70 anos, George Müller foi levado a iniciar viagens missionárias e, durante os 20 anos subsequentes, pregou a mais de três milhões de pessoas, em 42 países do mundo.

"Em 8 de agosto de 1882", diz Müller, "começamos nossa nona turnê missionária. O primeiro lugar em que preguei foi Weymouth, onde falei em público quatro vezes. De Weymouth fomos, passando por Calais e Bruxelas, a Düsseldorf, no Reno, onde havia pregado muitas vezes há seis anos. Durante essa visita, falei em público oito vezes. Com relação à minha estada em Düsseldorf, para o encorajamento do leitor, relato a seguinte circunstância: durante minha visita a essa cidade no ano de 1876, certo dia, um piedoso missionário local veio até mim grandemente angustiado porque tinha seis filhos por cuja conversão vinha orando há muitos anos. Contudo, eles permaneciam despreocupados com suas almas, e o pai desejava que eu lhe dissesse o que fazer. Minha resposta foi: 'Continue a orar por seus filhos e espere uma resposta à sua oração e você terá pelo que louvar a Deus'. Agora, quando após seis anos eu estive novamente na mesma cidade, esse caro homem veio até mim e disse que estava surpreso por não ter indícios diante de si do que fazer e que tinha decidido aceitar meu conselho e mais sinceramente que nunca se entregar à oração. Dois meses após nos encontrarmos, cinco de seus seis filhos foram convertidos dentro de oito dias e agora há 6 anos andam nos caminhos do Senhor, e ele tinha esperança de que o sexto filho também estava começando a preocupar-se com sua condição diante de Deus. Que o leitor cristão seja encorajado por isso, caso suas orações não sejam imediatamente respondidas. Em vez de deixar de orar, espere em Deus mais sincera e perseverantemente, aguardando respostas às suas petições."

O plano divino para enviar missionários estrangeiros

A igreja em Bristol, à qual Müller era vinculado, teve o privilégio de estabelecer um exemplo à Igreja do Senhor no modo pelo qual missionários estrangeiros (que são altamente necessários) podem ser enviados em resposta à oração. Müller escreve na página 516, volume I de sua narrativa:

"Também menciono aqui que, durante os oito anos antes da minha ida à Alemanha para ali trabalhar, fora colocado em meu coração, e no coração de alguns outros irmãos, que devia pedir ao Senhor que se agradasse de nos honrar, como corpo de fiéis, e comissionasse, entre nós, irmãos para levar o evangelho à terras estrangeiras. Mas essa oração parecia permanecer não respondida. Agora, contudo, o tempo havia chegado em que o Senhor estava prestes a respondê-la e eu, em cujo coração particularmente essa questão fora colocada, seria o primeiro dentre nós a levar a verdade. Naquele mesmo momento, o Senhor chamou nossos caros irmãos Barrington dentre nós, para irem a Demerara e ali trabalhar em conexão a nosso estimado irmão Strong, e chamou nossos caros irmãos Espenett para irem à Suíça. Ambos os casais se foram logo depois que eu tinha ido à Alemanha. Mas isso não foi tudo. Nosso irmão Mordal, tão prezado, que havia sido apreciado entre os santos por seu infatigável serviço fiel entre nós durante 12 anos, tinha desde 31 de agosto de 1843 (o dia em que os irmãos Strong e Barrington embarcaram de Bristol para Demerara) passado a considerar a possibilidade de lá servir e então foi para longe de nós, 11 meses depois. Ele, assim como eu, tivera de forma particular em seu coração, durante os oito anos anteriores, o desejo de pedir ao Senhor insistentemente que chamasse trabalhadores de nosso meio para o serviço internacional. De todas as pessoas, ele, que era o pai de uma grande família e tinha em torno de 50 anos, parecia ter menos probabilidade de ser chamado para esse trabalho; mas Deus de fato o chamou. Ele foi, trabalhou por certo tempo em Demerara e então, em 9 de janeiro de 1845, o Senhor o chamou ao descanso. Quando pedimos algo a Deus, tal como que Ele se agrade de levantar trabalhadores para Sua colheita, ou que envie recursos para exercer Sua obra, a pergunta honesta a ser colocada ao nosso coração é esta: estou disposto a ir, caso Ele me chame? Estou disposto a doar segundo minha capacidade?

Pois podemos ser exatamente as pessoas a quem o Senhor chamará para a obra, ou cujos meios Ele deseje empregar."

No Relatório de 1896 da Sociedade para a Promoção e Conhecimento das Escrituras, Müller demonstra quão grandiosamente esse corpo de cristãos tem sido honrado por Deus.

"De nosso meio, como igreja, 60 irmãos e irmãs foram para campos estrangeiros de trabalho, alguns dos quais findaram seu trabalho na Terra, mas ainda há em torno de 40 comprometidos com esse precioso serviço."

Por que a grande e gritante necessidade de trabalhadores na Ásia, África e outras partes do mundo não deveria ser suprida por igrejas na Europa e América que estão seguindo o plano divino de rogar ao Senhor da seara para que Ele envie trabalhadores do meio da própria igreja lá?

Certamente podem esperar que DEUS responda às suas orações como Ele fez com as orações da igreja em Bristol.

Veja o que foi feito na China pelo uso fiel do método de DEUS! Citamos as palavras de Hudson Taylor como colocadas em *China's Millions* (Milhões da China — tradução livre) em julho de 1897:

"Para a obtenção de companheiros trabalhadores, tomamos a direção do MESTRE: 'Rogai, pois, ao Senhor da seara...'. Rogamos pelos primeiros cinco, antes que a missão fosse formada, assim como pelos 24 a quem primeiro chamamos para o CIM[6], para reforços adicionais que fossem necessários; pelos 70, em três anos, pelos

---
[6] Missão no Interior da China

100 em um ano. Pelos acréscimos de tempos em tempos, temos também nos apoiado nesse plano. Seria possível que, de qualquer outra forma, tal grupo de trabalhadores, provenientes de praticamente todas as denominações e de muitos lugares, pudesse ser reunido e mantido unido por 30 anos sem nenhuma outra conexão, exceto essa que o chamado de DEUS e o amor de DEUS provaram? Esse grupo conta agora com um número superior a 700 homens e mulheres, auxiliados por mais de 500 trabalhadores nativos."

O início do avivamento em 1859

"Em novembro de 1856, um jovem irlandês, James McQuilkin, foi levado a conhecer o Senhor. Logo depois de sua conversão, ele viu o anúncio dos dois primeiros volumes deste meu livro. McQuilkin teve grande desejo de lê-lo e, logo, adquiriu-o em torno de janeiro de 1857. Deus abençoou grandemente sua alma por meio desta obra, especialmente em revelar a ele o que se pode obter por meio da oração. Ele disse a si mesmo algo como o seguinte: 'Veja o que o Sr. Müller obtém simplesmente pela oração. Logo eu obterei bênção pela oração'. Em seguida, esse jovem se determinou a orar para que o Senhor lhe concedesse um companheiro espiritual, alguém que conhecesse o Senhor. Logo depois, veio a conhecer um rapaz que era cristão. Estes dois iniciaram uma reunião de oração em uma das escolas dominicais da paróquia de Connor. Tendo tido sua oração pela obtenção de um companheiro espiritual respondida, James McQuilkin pediu ao Senhor que o levasse a conhecer mais alguns de Seus "escondidos". A seguir, o Senhor lhe deu mais dois jovens que previamente eram cristãos, pelo que se podia julgar. No outono de 1857, James McQuilkin contou a esses três homens, trazidos a ele em resposta à oração de fé, a bênção que ele aprendera de minha história, como ela o levara a ver o poder da oração de fé e propôs que deveriam encontrar-se para orar buscando a bênção do Senhor sobre seus vários trabalhos nas escolas dominicais, reuniões de oração e pregação do evangelho. Assim, no outono de 1857, esses quatro jovens encontravam-se toda sexta-feira à noite para orar em uma pequena escola próxima ao vilarejo de Kells, na paróquia de Connor. A essa altura, o grande e poderoso agir do Espírito, em 1857, nos Estados Unidos, já era conhecido, e James McQuilkin disse a si mesmo: 'Por que não podemos ter uma obra tão abençoada aqui, vendo que Deus fez coisas tão grandes pelo Sr. Müller, simplesmente em resposta à oração?'. Assim, em 1.º de janeiro de 1858, o Senhor lhes deu a primeira resposta significativa com a conversão de um servente de uma fazenda. Esse homem uniu-se aos outros quatro, e assim passou-se a ter cinco que se entregavam à oração. Pouco depois disso, outro jovem, com cerca de 20 anos, foi convertido; e agora havia seis. Isso encorajou grandemente os outros três primeiros que se encontravam com James McQuilkin. Outros se convertiam e eram também contabilizados, mas apenas cristãos eram admitidos às reuniões de comunhão, em que liam, oravam e trocavam entre si alguns pensamentos sobre as Escrituras. Tais reuniões e outras, para a pregação do evangelho, aconteciam na paróquia de Connor, Antrim, na Irlanda. Até esse ponto, tudo se encaminhava muito discretamente, embora muitas almas estivessem se convertendo. Não havia prostrações físicas, como posteriormente ocorreria.

"Perto do Natal de 1858, um jovem de Ahoghill, que havia se mudado para Connor e se convertera por meio desta pequena companhia de cristãos, foi visitar seus amigos em Ahoghill e lhes falou sobre a alma deles e a obra de Deus em Connor. Seus amigos desejaram ver alguns daqueles convertidos. Sendo assim, o Sr. James McQuilkin, com dois dos primeiros que se reuniam para orar, foi a Ahoghill em 2 de fevereiro de 1859 e realizou uma reunião em uma das Igrejas Presbiterianas. Alguns creram, alguns zombaram e outros acreditavam haver grande presunção nos jovens convertidos, contudo, muitos desejaram que acontecesse outra reunião. Esta foi realizada pelos mesmos três jovens em 16 de fevereiro de 1859, e agora o Espírito de Deus passava a agir, e agir poderosamente. Almas foram convertidas, e, daquele tempo em diante, as conversões se multiplicaram rapidamente. Alguns dos convertidos foram a outros lugares carregando consigo o fogo espiritual, por assim dizer. A bendita obra do Espírito de Deus difundiu-se em muitos locais. Em 5 de abril de 1859, James McQuilkin foi a Ballymena, realizou uma reunião ali em uma das Igrejas Presbiterianas e, em 11 de abril, realizou outra reunião em outra Igreja Presbiteriana. Muitos foram convencidos do pecado, e a obra do Espírito de Deus avançou em Ballymena. Em 28 de maio de 1859, ele foi a Belfast. Durante a primeira semana, houve três reuniões em cinco diferentes Igrejas Presbiterianas, e, desde então, a bendita obra iniciou-se em Belfast. Em todas essas visitas, ele ia acompanhado e auxiliado por Jeremiah Meneely, um dos três primeiros jovens que se reuniram com ele, após a leitura de meu livro. Desde então, a obra do Espírito Santo difundiu-se mais e mais, pois os novos convertidos foram usados pelo Senhor para levar a verdade de um local a outro.

"Assim foi o início dessa poderosa obra do Espírito Santo, que levou à conversão de centenas de milhares. Alguns de meus leitores se lembrarão de como, em 1859, o fogo fora aceso na Inglaterra, País de Gales e Escócia; de como ele se espalhou pela Irlanda, Inglaterra, País de Gales e Escócia; de como a Europa foi, de certa forma, em parte, participante nesse poderoso agir do Espírito Santo; como essa obra espiritual levou milhares a se entregarem ao trabalho de evangelistas e como, até o ano de 1874, não apenas os efeitos de tal obra, primeiro iniciada na Irlanda, são sentidos, mas que essa bendita obra ainda está, de alguma forma, ocorrendo na Europa em geral. É quase desnecessário acrescentar que, em grau algum, a honra é devida aos instrumentos, mas ao Espírito Santo somente. Porém esses fatos são afirmados, para que se possa ver que

Deus se deleita em responder abundantemente à oração de fé de Seus filhos."

O casamento de George Müller

No volume III de seu livro, Müller mostra o direcionamento de Deus em ter conhecido sua primeira esposa, a senhorita Mary Groves, e no então casamento.

"Reconheço ter sido a mão de Deus concedê-la a mim. Na realidade, Sua mão foi sobremaneira visível; e minha alma declara: 'Tu és bom e fazes o que é bom.'

"Refiro-me a algumas particularidades para que outros sejam instruídos. Quando, ao fim do ano de 1829, deixei Londres para trabalhar com o evangelho em Devonshire, um irmão no Senhor deu-me um cartão que continha o endereço de uma senhorita cristã bem conhecida, a Srta. Paget, que na época residia em Exeter, para que eu telefonasse a ela, dado que era uma excelente cristã. Aceitei o cartão e o coloquei em meu bolso, mas fiz pouco caso de telefonar para a moça.

"Por três semanas, carreguei tal cartão em meu bolso, sem esforçar-me para ir ver a referida senhorita, mas finalmente fui levado a fazê-lo. Esse foi o modo de Deus conceder-me uma excelente esposa. A senhorita Paget pediu-me que pregasse na última terça-feira do mês de janeiro de 1830 no salão que ela havia equipado em Poltimore, um vilarejo próximo a Exeter, e onde A. N. Groves, posteriormente meu cunhado, havia pregado uma vez antes de ir a Bagdá como missionário. Prontamente aceitei o convite, dado que ansiava apresentar em todos os lugares a preciosa verdade da volta do Senhor e outras verdades profundamente importantes com as quais há muito tempo minha própria alma fora preenchida.

"Ao deixar a senhorita Paget, ela me entregou o endereço de um irmão cristão, o Sr. Hake, que tinha um internato para jovens moças e rapazes em Nothernhay House, a antiga residência de A. N. Groves, para que ali eu pudesse me hospedar em minha chegada de Exeter vindo de Teignmouth. Fui a esse lugar à hora marcada. A senhorita Groves, posteriormente minha amada esposa, ali estava, já que a senhora Hake há muito tempo estava impossibilitada. A senhorita Groves auxiliava o Sr. Hakes em sua grande aflição, supervisionando as questões domésticas. Minha primeira visita levou-me a retornar, após o período de um mês, para pregar em Poltimore e hospedei-me novamente na casa do Sr. Hake. Essa segunda visita levou-me a pregar semanalmente na capela em Exeter e assim, semana após semana, ia de Teignmouth a Exeter, todas as vezes hospedando-me na casa do Sr. Hake. Durante todo esse período, meu propósito não era, de modo algum, casar-me, mas permanecer livre para viajar em serviço ao evangelho. Contudo, após alguns meses, vi, por muitas razões, que era melhor para mim, como jovem pastor, abaixo dos 25 anos, que fosse casado. A questão agora era: a quem deveria unir-me? A senhorita Groves estava em meus pensamentos, mas o conflito em oração foi longo até que eu chegasse a uma decisão, pois eu não podia suportar a ideia de que tiraria do Sr. Hake essa valorosa auxiliadora, visto que a senhora Hake permanecia ainda incapaz de assumir a responsabilidade de uma casa tão grande. Mas orei repetidamente. Finalmente isto me fez decidir: eu tinha motivo para crer que eu havia gerado no coração da senhorita Groves uma afeição por mim e que, portanto, deveria pedir-lhe em casamento, independentemente de quão indelicadamente eu aparentasse estar agindo com meu caro amigo e irmão Sr. Hake; também pedi a Deus que desse a ele uma ajudante adequada para suceder a senhorita Groves. Em 15 de agosto de 1830, portanto, escrevi a ela pedindo que se tornasse minha esposa e, em 19 de agosto, quando fui, como de costume, a Exeter para pregar, ela me aceitou. A primeira coisa que fizemos após eu ter sido aceito foi cair de joelhos e pedir a bênção do Senhor em nossa pretendida união. Dentro de um prazo de duas ou três semanas, o Senhor, em resposta à oração, encontrou uma pessoa que parecia adequada para assumir como governanta enquanto a Sra. Hake permanecesse adoentada. E, em 7 de outubro de 1830, a senhorita Groves e eu nos unimos em matrimônio. Nosso casamento foi de natureza sobremaneira simples. Nós caminhamos até a igreja, não tivemos o café da manhã de casamento, mas, no período da tarde, tivemos um encontro de amigos cristãos na casa do Sr. Hake e celebramos a morte do Senhor. Então minha amada esposa e eu fomos, em uma diligência, até Teignmouth e, no dia seguinte, fomos trabalhar para o Senhor. Assim como foi simples nosso início, e diferente dos hábitos do mundo, por amor a Cristo, esse tem sido nosso alvo piedoso desde então, e que desta forma permaneça. Agora veja a mão de Deus em dar-me minha tão querida esposa: 1. O endereço da senhorita Paget me foi dado sob a ordenança de Deus. 2. Eu finalmente fui levado a telefonar-lhe, embora por muito tempo o tivesse adiado. 3. Ela poderia ter provido hospedagem com outro amigo cristão onde eu não teria conhecido a senhorita Groves. 4. Em minha mente, eu poderia ter decidido não a ter pedido em casamento, mas Deus decidiu a questão ao falar comigo por meio de minha consciência — 'Você sabe que gerou afeição no coração dessa irmã cristã pelo modo como tem agido com relação a ela e, portanto, por mais doloroso que venha a ser aparentar agir indelicadamente com seu amigo e irmão, você deve pedi-la em casamento'. Eu obedeci. Escrevi a carta em que fiz o pedido, e nada menos que uma constante torrente de bênção tem sido o resultado.

"Permita-me acrescentar uma palavra de conselho cristão. Entrar em união matrimonial é um dos eventos mais profundamente importantes da vida. Nunca será exagero tratá-lo com muita seriedade em oração. Nossa felicidade, utilidade, nosso viver para Deus ou para nós mesmos posteriormente estão frequentemente muito intimamente conectados à nossa escolha. Portanto, do modo mais piedoso em oração, tal escolha deveria ser feita. Beleza, idade, dinheiro ou sequer habilidades mentais não deveriam ser o que motiva tal decisão. Primeiro, deve-se lançar mão da profunda espera em Deus por orientação. Segundo, o propósito sincero de estar disposto a ser guiado por Ele deve ser o alvo. Terceiro, a verdadeira piedade, sem sombra de dúvida, deve ser a principal e totalmente necessária qualificação para um cristão com relação a eleger um companheiro para a vida. Em acréscimo a isso, contudo, deve ser, ao mesmo tempo, calma e pacientemente considerado se em outros aspectos há compatibilidade.

"Por exemplo, um homem instruído escolher uma mulher totalmente sem instrução é algo imprudente, pois, independentemente do quanto, de sua parte, o amor esteja disposto a cobrir tal defasagem, com relação aos filhos isso se desenvolverá de forma muito infeliz."

A enfermidade nociva da filha de Müller

"Em julho de 1853, agradou-se o Senhor de testar minha fé de um modo que não fora testada antes. Minha amada e única filha, cristã desde o início do ano de 1846, adoeceu em 20 de junho.

"Tal enfermidade, de início uma febre baixa, transformou-se em tifo. Em 3 de julho, parecia não haver esperança para sua recuperação. Agora vinha o teste da fé. Mas a fé triunfou. Minha amada esposa e eu fomos capacitados a entregá-la às mãos do Senhor. Ele nos susteve tremendamente. No entanto, falarei apenas de mim. Embora minha única e amada filha estivesse se aproximando da sepultura, minha alma, contudo, estava em perfeita paz, submissa à vontade de meu Pai Celestial, sendo assegurada de que Ele faria pela menina e por seus pais aquilo que no fim seria o melhor. Ela permaneceu muito doente até 20 de julho, quando sua restauração começou.

"Em 18 de agosto, ela estava tão restabelecida, a ponto de poder ser levada para Clevedon a fim de uma mudança de ares, embora ainda extremamente fraca. Até então, 59 dias se passaram desde que ela havia adoecido.

"Pais sabem o que um filho único, um filho amado é, e o que um filho único, um filho cristão deve ser para pais cristãos. Bem, o Pai no Céu disse, de certa forma, por meio desta Sua dispensação: 'Estão dispostos a abrir mão dessa filha para mim?' Meu coração respondeu: 'Como a ti parecer bom, meu Pai Celestial. Seja feita a Tua vontade'. Assim, conforme nosso coração foi dispondo-se a devolver ao Senhor a nossa filha amada que Ele havia nos dado, Deus se dispôs a deixá-la conosco e ela sobreviveu. 'Agrada-te do SENHOR, e ele satisfará os desejos do teu coração' (Salmo 37:4). Os desejos de meu coração eram manter minha filha amada se assim fosse a vontade de Deus; o meio para preservá-la era estar satisfeito com a vontade do Senhor.

"De todos os testes de fé pelos quais até então eu tive que passar, esse foi o maior; e pela abundante misericórdia de Deus, devo a Ele o louvor por ter sido capaz de deleitar-me em Sua vontade, pois tinha perfeita certeza de que, se o Senhor levasse minha filha amada, seria o melhor para seus pais, melhor para ela e mais para a glória de Deus do que se ela vivesse. Com essa melhor parte eu estava satisfeito, e meu coração teve paz, perfeita paz, e não tive sequer um momento de ansiedade. Assim deveria ser em todas as circunstâncias, embora dolorosas, se o cristão exercesse fé."

O pão de cada dia

"3 de agosto de 1844. Sábado. Começamos o dia com 12 xelins. Minha alma declarou: 'Agora procurarei o modo pelo qual o Senhor nos livrará novamente neste dia, pois Ele certamente nos livrará. Muitos sábados, quando estivemos em necessidade, Ele nos auxiliou, e assim Ele fará também hoje'. Entre 9 e 10 horas desta manhã, com três de meus companheiros de trabalho, em minha casa, entreguei-me à oração pedindo recursos. ENQUANTO ESTÁVAMOS EM ORAÇÃO, alguém bateu à porta de minha sala e fui informado de que um cavalheiro tinha vindo me ver. Quando terminamos a oração, soubemos que era um irmão de Tetbury, que trouxera uma libra, dois xelins e seis pence de Barnstaple para os órfãos. Assim temos uma libra, 14 xelins e seis pence com que devo devolver o malote aos orfanatos, buscando o Senhor por mais.

"6 de agosto. O dia iniciou sem um único pence em minhas mãos. O correio nada entregou, nem havia recebido coisa alguma quando, 10 minutos depois das 10 da manhã, foi-me trazido o malote dos orfanatos para os suprimentos do dia. Agora veja a providência divina! No malote encontrei um bilhete de uma das trabalhadoras dos orfanatos que continha dois soberanos que ela havia enviado para os órfãos, afirmando que era parte de um presente que ela acabara de receber inesperadamente. Assim estamos supridos para o dia de hoje. "4 de setembro. Havia apenas um pence em minhas mãos nesta manhã. Pare por um momento, caro leitor! Um único pence em mãos quando o dia iniciou. Reflita sobre isso e pense em quase 140 pessoas para quem é necessário prover. Vocês, pobres irmãos, que têm seis ou oito filhos e pequenos salários, pensem nisso; e vocês, meus irmãos, que não pertencem às classes trabalhadoras, mas têm, como se diz, meios muito limitados, pensem nisso! Não farão vocês o que nós fazemos, quando sob suas provações? O Senhor os ama menos do que nos ama? Ele ama todos os Seus filhos com amor menor do que o amor que tem por Seu Filho unigênito, segundo João 17:20-23? Ou somos melhores que vocês? Jamais, não somos nós mesmos pobres pecadores miseráveis como vocês o são? E algum dos filhos de Deus clama a Ele com base em seu próprio merecimento? Não seria a justiça do Senhor Jesus, que é imputada àqueles que nele creem, a única coisa que nos torna dignos de receber qualquer coisa de nosso Pai Celestial? Portanto, caro leitor, ao orarmos por todas as nossas necessidades, seja de que natureza forem, com relação a essa obra, pedindo auxílio a nosso Pai no Céu e conforme Ele de fato nos auxilia, assim também Ele está disposto a auxiliar todos os Seus filhos que colocam sua confiança nele. Bem, ouçamos então, como Deus nos auxiliou quando havia apenas um pence restante em minhas mãos, na manhã de 4 de setembro de 1844.

"Um pouco depois das 9 horas, recebi um soberano de uma irmã no Senhor, que não deseja que o nome do local onde reside seja mencionado. Entre 10 e 11 horas, o malote foi enviado dos orfanatos em que em um bilhete afirmava que hoje seriam necessários uma libra e dois xelins. EU MAL HAVIA LIDO ISSO, quando uma carruagem parou em frente à minha casa e um cavalheiro, o Sr._____, da vizinhança de Manchester, foi anunciado. Descobri que ele era um cristão que viera a Bristol a negócios. Ele tinha ouvido sobre os orfanatos e expressou sua surpresa ao saber que, sem nenhum sistema regular de coleta e sem nenhum pedido pessoal a ninguém, eu obtivera simplesmente pela fé e oração a quantia de 2.000 libras e mais ainda anualmente para a obra do Senhor que estava sob minha responsabilidade. Esse irmão, a quem eu nunca vira antes e cujo nome nem mesmo sabia antes que viesse ao meu encontro, doou-me duas libras como um exemplo do que eu lhe havia afirmado."

"Os pobres, sempre os tendes convosco..."

"12 de fevereiro de 1845. Após ter enviado, nesta manhã, o dinheiro que era necessário às tarefas domésticas de hoje, novamente tinha apenas 16 xelins e dois pence e meio. Isso era apenas um quarto do que geralmente é necessário para um dia, simplesmente para a gestão doméstica, de modo que estava diante de um novo chamado para confiar no Senhor. Pela manhã, reuni-me novamente, como de costume, com minha querida esposa e sua irmã, para orarmos, a fim de pedir ao Senhor muitas bênçãos com relação a essa obra e também por recursos para ela.

"Aproximadamente uma hora depois, recebi uma carta de Devonshire, contendo uma ordem de pagamento de 22 libras, das quais 10 eram para os órfãos, duas para um pobre irmão em Bristol e 10 para mim. Assim, além de ter uma prova renovada da disposição de nosso Pai Celestial de responder a nossos clamores em favor dos órfãos, há ainda isto a ser observado: durante muitos meses, as necessidades dos pobres fiéis entre nós têm sido, de modo peculiar, um peso em meu coração. A palavra de nosso Senhor: '...os pobres, sempre os tendes convosco e, quando quiserdes, podeis fazer-lhes bem...'[7] tem, incessantemente, me incitado à oração em favor deles, e assim o foi, em especial, nesta manhã. Foi a manhã mais fria que tivemos em todo o inverno. Em minha caminhada matinal para oração e meditação, pensei em quão bem suprido estava de carvão, alimentos nutritivos e roupas quentes e quantos dos queridos filhos de Deus podiam estar em necessidade. Assim elevei meu coração ao Senhor pedindo mais recursos para poder ser capaz, por ações, de demonstrar empatia mais abundante aos pobres cristãos em sua necessidade. Apenas três horas depois recebi aquelas 10 libras direcionadas a mim."

---

[7] Marcos 14:7

George Müller

O Senhor direcionando os passos

"1.º de fevereiro de 1847. Antes do café da manhã, tomei uma direção em minha habitual caminhada matinal pela qual não tinha passado em muitas semanas, sentindo-me atraído a essa direção, como se Deus tivesse intenção de guiar-me naquele sentido. Ao retornar para casa, encontrei um cavalheiro cristão a quem eu outrora costumava encontrar quase todas as manhãs, mas a quem não encontrava há muitas semanas, visto que já não caminhava por ali há tempos. Ele me fez parar e me deu duas libras para os órfãos. Então soube a razão pela qual fora guiado até ali, pois ainda não tinha o suficiente em mãos para suprir as diretoras amanhã à noite com os recursos necessários para a gestão doméstica durante mais uma semana.

"4 de fevereiro. Ontem nada chegou. Nesta manhã, logo antes de entregar-me à oração com relação aos órfãos, uma irmã no Senhor enviou um soberano, que ela havia recebido, como escreveu: 'De uma amiga que havia conhecido os meninos órfãos e ficou particularmente encantada com sua aparência asseada e ordenada'. Após ter recebido esse soberano, orei pedindo sabedoria quanto a seu presente uso, embora não tenha limitado minhas orações a isso. Em torno de 15 minutos após eu ter me levantado, depois de ter estado de joelhos, recebi um mensageiro com uma doação de cinco libras. O doador escreveu que se tratava 'dos lucros de uma faixa de terra vendida à companhia ferroviária'. Quão variados meios o Senhor emprega para nos enviar auxílio em resposta às nossas orações!"

Testes contínuos de fé e paciência

Com a ampliação da obra, pela qual seria necessária provisão para cerca de 330 pessoas, os testes de fé continuaram. George Müller escreve:

"Considerando que anteriormente não tínhamos rendimento fixo, agora nada tínhamos. Temos que recorrer a Deus quanto a tudo o que está ligado à obra, da qual, com frequência, as necessidades pecuniárias são as menores questões; mas o Senhor mesmo nos capacita a recorrermos a Ele e, portanto, não somos decepcionados.

"7 de outubro de 1852. Nesta noite, havia apenas 8 libras restantes em mãos para as despesas atuais dos órfãos. Até o momento, tínhamos, em geral, em abundância. Mas embora muito tivesse entrado desde o início deste novo período, contudo nossas despesas foram maiores do que nossa receita, dado que quase todas as doações, cuja disposição ficou sob minha responsabilidade, foram direcionadas ao Fundo de Construção. Assim o balanço em mãos, em 26 de maio de 1852, não obstante a grande receita desde então, foi reduzido a algo em torno de 8 libras. Entreguei-me à oração, em especial por meios para que essa pequena quantia pudesse aumentar.

"9 de outubro. Nesta manhã, Lucas 7 surgiu no percurso de minha leitura antes do café da manhã. Enquanto lia o relato sobre o centurião e a ressuscitação do filho da viúva em Naim, elevei meu coração ao Senhor Jesus da seguinte forma: 'Senhor Jesus, tu tens o mesmo poder agora. Tu podes prover para mim os meios para a Tua obra que está em minhas mãos. Que o Senhor se agrade de assim fazer'. Cerca de 30 minutos depois, recebi 230 libras e 15 xelins.

"A alegria que tais orações fornecem não pode ser descrita. Eu estava determinado a esperar somente em Deus e não articular uma solução não bíblica para mim. Tenho milhares de libras para o Fundo da Construção, mas não mexeria em tal reserva visto que foi separada especificamente para esse fim. Há também um montante de 100 libras para os órfãos que deverá ser liberado em dois meses; então, na perspectiva de tal pagamento, o coração naturalmente pode inclinar-se a utilizar certa quantia do Fundo de Construção, já que esse dinheiro poderia ser restituído assim que o bloqueado fosse recebido; mas eu não escolheria essa rota e assim sairia do caminho de Deus a fim de obter auxílio. Ao mesmo tempo em que essa doação chegou, eu tinha 100 libras separadas que, por coincidência, tinha recebido para o Fundo da Construção. Estas eu levaria ao banco, visto que estava determinado a não tocar no valor destinado à construção, mas, antes, esperar em Deus. Minha alma de fato magnifica o Senhor por Sua bondade.

"13 de junho de 1853. Estávamos agora muito pobres. Não de fato em dívidas, nem mesmo todo o dinheiro fora utilizado, pois eu tinha em torno de 12 libras em mãos. Mas havia a necessidade de comprar farinha, da qual se compra geralmente 10 sacos de uma vez, 300 stones[8] de aveia, uma centena[9] de sabão, e havia muitos pequenos reparos

---

[8] Unidade de peso antiga que equivalia, em média, a 6 kg.

[9] Unidade de peso antiga que equivalia, em média, a 50 kg.

ocorrendo na casa, que exigiam certo número de trabalhadores, além das despesas regulares cujo valor era próximo a 70 libras por semana. Fora tudo isso, no sábado (antes de ontem), descobri que o sistema de aquecimento precisava ser consertado, o que custaria provavelmente um total de 25 libras. Era, portanto, desejável, humanamente falando, ter 100 libras para tais elevadas despesas extras, além de recursos para as despesas habituais.

"Eu não tinha perspectiva humana alguma de conseguir nem mesmo 100 pence, muito menos 100 libras. Acrescido a isso, hoje era segunda-feira, quando geralmente a receita é pequena. Mas, ao caminhar até o orfanato nesta manhã e orar conforme caminhava, disse em especial ao Senhor em oração que, neste dia, embora uma segunda-feira, Ele podia enviar-me muito. E assim aconteceu. Recebi nesta manhã 301 libras para a obra do Senhor, como será sobremodo necessário. A alegria que tive não pode ser descrita. Eu andava de um lado para outro em meu quarto por longo tempo, lágrimas de alegria e gratidão ao Senhor escorriam abundantemente sobre minha face enquanto eu louvava e magnificava o Senhor por Sua bondade e me entregava, novamente, de todo o coração a Ele para Seu bendito serviço. Eu raramente senti, em outra ocasião, a bondade do Senhor mais fortemente em auxiliar-me.

"9 de novembro. Nossa necessidade de recursos é agora enorme, muito grandiosa. O Senhor testa nossa fé e paciência. Nesta tarde, um irmão e uma irmã no Senhor, vindos de Gloucestershire, telefonaram-me para ver-me no novo Orfanato, antes de visitarem a casa. Após alguns minutos, recebi um soberano da irmã, a quem pediram que trouxesse para o Fundo da Construção, e ela ofertou, de sua reserva pessoal, uma libra para minhas despesas pessoais e uma libra para o Fundo da Construção; e seu marido doou 5 libras para os órfãos e 5 libras para missões estrangeiras.

"Assim o Senhor aliviou grandemente meu espírito, mas eu esperava mais e precisava de muito mais.

"12 de novembro. Nesta noite, enquanto orava pedindo recursos, chegou um pequeno pacote contendo 10 soberanos de uma senhora cristã, que vivia não muito longe do novo orfanato. Este foi um grandioso alívio ao meu espírito.

"17 de outubro de 1854. Nesta manhã, durante o período de oração da família, veio, no decorrer da leitura, Êxodo 5, que narra que pouco antes de serem libertos do Egito, as provações dos israelitas foram maiores do que nunca. Eles teriam que produzir a mesma quantidade de tijolos sem que os egípcios lhes fornecessem a palha como faziam anteriormente. Assim, além de fabricar os tijolos, os próprios israelitas teriam que juntar a palha restante da fabricação anterior. Meditar nessa passagem levou-me a observar que ainda hoje os filhos de Deus passam frequentemente por provação maior do que a experimentada até então, pouco antes de o auxílio e o livramento chegarem. Imediatamente após a oração em família, demo--nos conta de que, na entrega matinal do correio, nem mesmo um pence havia chegado para a obra do Senhor com a qual estou comprometido, embora muito precisássemos e muito pouco tivéssemos recebido durante os três dias anteriores. Logo, eu precisava lembrar-me agora de Êxodo 5 e praticar as verdades ali contidas. No decorrer do dia, nada nos foi doado. À noite eu tive, como de costume, um período de oração com minha querida esposa, com relação aos vários objetivos da Sociedade para Promoção e Conhecimento das Escrituras e depois deixamos o novo orfanato para voltarmos para casa.

"Quando chegamos em nossa casa, em torno das 21 horas, descobrimos que 5 libras e também 5 xelins foram enviados de Norwich em duas ordens postais para o Fundo da Construção, e que 8 libras, 3 xelins e 11 pence haviam sido enviados para Bíblias, panfletos e informes, que haviam sido vendidos. Isso conclamou ação de graças. Um pouco mais tarde, entre 21 e 22 horas, um cavalheiro cristão telefonou e ofertou uma libra para os órfãos e 200 libras para missões estrangeiras. Ele havia recebido essas quantias de uma idosa senhora cristã, cujas economias, como criada, durante TODA a sua vida, somavam as 200 libras e que, tendo recentemente uma receita anual de 30 libras em média, sentiu-se constrangida, pelo amor de Cristo, a enviar as economias de toda sua vida para missões estrangeiras.

"Nossa oração especial fora, constantemente, que o Senhor se agradasse de enviar recursos aos irmãos missionários, tendo eu motivo para crer que passavam por grande necessidade de auxílio. E pouco antes, às 8 horas desta noite, eu suplicara ao Senhor, em especial, que enviasse auxílio para esse objetivo. Em minha última correspondência, eu tinha enviado 40 libras à Guiana Inglesa, para lá auxiliar, em certa medida, sete irmãos. Tal quantia exigiu a última libra que eu tinha em mãos para esse fim. Com que alegria eu teria enviado subsídio também a outros irmãos, mas de nada mais dispunha. Agora estou, em certo grau, suprido para este fim.

"12 de julho de 1854. Nossos recursos estavam novamente reduzidos a 30 libras em média, dado que apenas 150 libras chegaram desde 15 de junho. Acrescido a isso, tivemos despesas muito pesadas diante de nós. Nesta manhã, ao ler o livro de Provérbios, cheguei ao capítulo 22: 'Para que a tua confiança esteja no SENHOR...' (v.19). Eu disse a Deus em oração: 'Senhor, eu confio em ti; mas te agradarás agora de auxiliar-me, pois tenho necessidade de verba para as despesas atuais dos mais variados fins da Sociedade?'. Na primeira entrega de cartas, recebi uma ordem de pagamento de 100 libras em um banco de Londres, para serem utilizadas de variadas formas 'conforme a necessidade atual exigir.'"

Você está preparado para a eternidade?

"Ao analisar meus livros contábeis, encontro vez após outra o nome de um ou outro que já encerrou sua jornada nesta Terra. Em breve, caro leitor, sua vez e a minha também chegará. Você está preparado para a eternidade? Afetuosamente coloco essa questão diante de você. Não a desconsidere. Nada tem maior significância que esse ponto; sim, todas as outras coisas, independentemente de quão importantes sejam em seus contextos, são extremamente de menor relevância em comparação à eternidade. Você se pergunta como estar preparado para a eternidade, como ser salvo, como obter perdão de seus pecados? A resposta é esta: creia no Senhor Jesus, confie nele, dependa somente dele com relação à salvação de sua alma. Ele foi punido por Deus, para que nós, pecadores culpados, se nele crermos, possamos ser perdoados. Ele cumpriu a lei de Deus e foi obediente até a morte, para que nós, desobedientes, pecadores culpados, se nele crermos, possamos, por causa dele, ser considerados justos pelo Senhor. Pondere essas coisas, caro leitor, caso você não o tenha feito antes. Somente por meio da fé no Senhor Jesus, podemos obter perdão de nossos pecados e estar em paz com Deus. Crendo em Jesus, tornamo-nos, mediante a fé verdadeira, filhos de Deus, Ele passa a ser nosso Pai e podemos nos achegar a Deus para todas as bênçãos temporais e espirituais das quais necessitamos. Logo, todos os meus leitores podem obter respostas às orações, não apenas a ponto de obtê-las, mas algo ainda muito mais abundante.

"Pode ocorrer que poucos, comparativamente, dos filhos de Deus sejam chamados a servir ao Senhor no que diz respeito a estabelecer orfanatos, mas todos eles podem ser, e de fato são, chamados para confiar em Deus, apoiar--se nele, em seus vários papéis e situações e a aplicar a Palavra de Deus, a fé e a oração às circunstâncias de sua família, às suas preocupações terrenas, às suas aflições e necessidades de todos os tipos, tanto temporais quanto espirituais. Assim como nós, que com ajuda de Deus, em certa medida, buscamos aplicar a Palavra de Deus, a fé e a oração aos vários objetivos da Sociedade para Promoção e Conhecimento das Escrituras, em nosso país e no exterior. Apenas faça um teste, caso você nunca o tenha feito, e verá como pode viver feliz.

"De fato prefiro, seguramente, esta vida de testes quase constantes se sou capaz de apenas lançar todas as minhas preocupações sobre o Pai Celestial e, assim, tornar-me progressivamente mais familiarizado com Ele, a viver uma vida de paz exterior e de quietude, sem as constantes provas de Sua fidelidade, Sua sabedoria, Seu amor, Seu poder, Sua providência prevalente."

Esperando somente em Deus

"6 de setembro de 1854. Recebi de Clerkenwell 50 libras para serem utilizadas da seguinte forma: metade para missões e a outra metade como eu considerar melhor. Usei metade para o sustento dos órfãos e encontrei a seguinte observação em meu diário referente à tal doação: 'Que preciosa resposta à oração!'. Desde 26 de agosto, temos nos colocado, dia após dia, diante do Senhor por nossos suprimentos diários. Preciosa, também, com relação aos irmãos missionários, a quem busco ajudar, para quem nada havia em mãos quando essa doação chegou."

George Müller acrescenta algumas observações a esta parte de seu livro:

"1. Venha alguém presumir, com relação a ter sido afirmado nas páginas anteriores, que repetidamente éramos deixados com pouquíssimos recursos, que os órfãos não tiveram tudo o que lhes era necessário, e respondemos que nunca, desde que iniciamos tal trabalho, houve um momento de refeição em que os órfãos tivessem algo diferente de boa comida, nutritiva em quantidade suficiente e jamais ficaram desprovidos de roupas, antes tenho tido recursos para prover tudo o que eles necessitam.

"2. Nunca, desde que o trabalho com órfãos passou a existir, eu pedi a um único ser humano qualquer ajuda para essa obra; e, contudo, ainda que não solicitadas, simplesmente em resposta à oração, de tantas partes do mundo, como foi afirmado, as doações têm vindo e, com frequência, em momento de enorme necessidade."

Müller escreve na data de 1859:

"Todas as quartas-feiras, eu me encontro com meus auxiliares para nos unirmos em oração, e, dia a dia, tenho momentos determinados em que busco levar o trabalho com suas grandes variedades e necessidades temporais e espirituais diante do Senhor em oração, tendo, talvez, todos os dias 50 ou mais questões para colocar diante dele e, assim, obtenho a bênção que peço. Não peço a nenhum ser humano ajuda alguma com relação ao trabalho. Não, se eu pudesse obter 10.000 libras por meio de cada pedido de ajuda, pela graça de Deus, eu não pediria. E por que não? Porque dediquei minha vida por completo, alegremente, ao precioso serviço de dar ao mundo e à Igreja uma demonstração clara, distinta e inegável de que é algo bendito confiar e esperar em Deus. Pois Ele é agora, como sempre foi, o Deus vivo, o mesmo revelado nas Escrituras Sagradas, e, se sabemos que estamos reconciliados com Ele por meio da fé no Senhor Jesus, ao pedirmos a Deus, em nome de Seu Filho, aquilo que está de acordo com Seus pensamentos, Ele certamente nos concederá o que pedimos, em Seu próprio tempo, desde que creiamos que assim Ele fará.

"Deus também, em momento algum, falhou comigo. Quarenta anos eu provei de Sua fidelidade nesse trabalho." O SENHOR DEUS É UMA ROCHA ETERNA.

Sob a data de 9 de novembro de 1861, Müller escreveu: "9 de novembro. Sábado à noite. Quando esta semana se iniciou, recebi apenas três libras e 19 xelins na primeira entrega. Logo depois veio, durante o período de minha leitura das Escrituras Sagradas, Isaías 26: 'Confiai no SENHOR perpetuamente, porque o SENHOR Deus é uma rocha eterna' (v.4). Coloquei minha Bíblia de lado, caí de joelhos e assim orei: 'Eu creio que há força eterna no Senhor Jeová e nele confio; ajuda-me, ó Senhor, a confiar em ti para sempre. Agrada-te em conceder-me mais recursos neste dia e muito nesta semana, embora tão pouco tenha chegado'. Naquele mesmo dia, 3 de novembro, eu recebi 10 libras de Surbiton, 5 libras de um doador residente em Clifton, 2 libras de um doador de Bristol e, ao longo da semana, recebi ao todo 457 libras. Assim Jeová novamente provou que Ele é rocha eterna e que Ele é digno de nossa

Preciosas respostas à oração

confiança. Caro leitor cristão, procure confiar no Senhor da mesma forma caso já não tenha o hábito de assim fazer e você descobrirá, como eu descobri milhares de vezes, como isso é abençoador. Mas, caso o leitor permaneça avançando descuidadamente com relação à sua alma e, portanto, segue sem conhecer a Deus e Seu amado Filho, então a primeira e mais importante coisa que deve fazer é confiar no Senhor Jesus para a salvação de sua alma, para que seja reconciliado com Deus e obtenha o perdão de seus pecados."

Jesus Cristo, o mesmo ontem, hoje e o será para sempre

"26 de maio de 1861. No fechamento do período, evidenciou-se que o consumo anual para os vários fins era um total de 24.700 libras, 16 xelins e 4 pence; ou 67 libras, 13 xelins e 53/4 pence ao dia, durante o ano. Ao longo do ano vindouro, prevejo que as despesas serão consideravelmente maiores. Mas Deus, que me auxiliou nesses tantos anos, me auxiliará, assim creio, também no futuro.

"Veja, caro leitor, como o Senhor em Seu fiel amor nos auxiliou ano após ano. A cada ano, as despesas se intensificaram porque as ações das instituições foram expandidas ainda mais, porém Deus nunca falhou conosco. Você pode, contudo, dizer: 'O que você faria caso Ele falhasse em auxiliá-lo?'. Minha resposta é que isso jamais ocorrerá, desde que nele confiemos e não vivamos em pecado. Mas, caso o abandonássemos, Aquele que é a fonte de águas vivas, e cavássemos para nós cisternas rotas, que não retêm as águas, confiando em um braço humano, ou, se vivêssemos em pecado, teríamos, então, clamado a Deus em vão, embora professássemos ainda confiar nele. Como afirma a seguinte palavra: 'Se eu no coração contemplara a vaidade, o Senhor não me teria ouvido' (Salmo 66:18).

"Pela graça de Deus, tenho sido capacitado a continuar confiando somente nele e, embora frágil e fraco de muitas maneiras, todavia, pela graça de Deus, fui capacitado a caminhar em retidão, odiando o pecado, amando a santidade e ansiando pela elevada conformidade ao Senhor Jesus.

"21 de outubro de 1868. Conforme os dias chegam, expomos ao Senhor nossos pedidos, pois nossos gastos têm sido, já há muitos anos, em média mais de 100 libras ao dia; mas, embora as despesas têm sido enormes, Deus nunca falhou conosco. Nós, de fato, com relação à aparência exterior, temos sido como a 'sarça ardente no deserto': ainda não fomos consumidos. Ademais, estamos repletos de confiança no Senhor e, portanto, temos bom ânimo, apesar de termos diante de nós a perspectiva de que, ano após ano, nossas despesas expandirão mais e mais. Se todos os meus companheiros discípulos que buscam trabalhar para Deus soubessem que bem-aventurança é recorrer ao Senhor e somente nele confiar, eles logo veriam quão revigorante para a alma é esse caminho e quão completamente está além da decepção, naquilo que depende do Senhor. Amigos terrenos podem mudar de opinião com relação à obra com a qual estamos comprometidos; mas, se, de fato, trabalhamos para Deus, independentemente de quem mude de ideia a respeito de nosso serviço, o Senhor não mudará. Amigos terrenos podem perder sua habilidade de nos auxiliar, por mais que desejem continuar a fazê-lo, mas Deus permanece por toda eternidade como Aquele que é infinitamente rico. Amigos terrenos podem, depois de certo tempo, direcionar a mente deles a outros objetivos e, como não podem colaborar em todos os lugares, ainda que muito desejassem, poderão, embora relutantes, deixar de nos auxiliar. Todavia, o Senhor é capaz de, em todas as direções, embora as exigências sejam multiplicadas um milhão de vezes, suprir tudo o que possivelmente possa ser necessário e Ele o faz com deleite onde Sua obra é exercida e onde contamos com Ele. Amigos terrenos podem ser removidos pela morte, e assim podemos perder seu auxílio, mas o Senhor vive para sempre; Ele não pode morrer. Quanto a este último ponto de vista, tenho visto, em especial durante os últimos 40 anos à frente dessa Sociedade, a bem-aventurança de confiar somente no Deus vivo. Não um ou dois, nem cinco ou dez, mas muitos mais que antes me auxiliavam sobremaneira com seus recursos foram levados pela morte; porém o trabalho da Sociedade foi paralisado por conta disso? De maneira alguma! E como se deu isso? Confiei em Deus e em Deus somente."

Preparado inteiramente, no coração, para as provas de fé

Em 28 de julho de 1874, George Müller escreve:

"A mim tem parecido, já há meses, que o Senhor tem a intenção, por Seus procedimentos conosco, de levar-nos àquele estado das coisas em que estivemos por mais de 10 anos, de agosto de 1838 a abril de 1849, quando tínhamos que dia a dia, quase que sem interrupção, recorrer a Ele para nossos suprimentos diários e, por uma grande parte do tempo, de refeição a refeição. As dificuldades a mim pareciam, de fato, enormes, dado que a Sociedade era agora 20 vezes maior do que antes, e nossas compras devem ser feitas no atacado. No entanto, ao mesmo tempo, sou consolado pelo fato de saber que Deus está sempre ciente de tudo isso e que, se desta forma for para a glória de Seu nome e para o bem de Sua Igreja e do mundo não convertido, estou, por Sua graça, disposto a ir por tal caminho e a fazê-lo até o fim de minha jornada. As verbas foram, então, rapidamente despendidas, mas Deus, nosso Tesoureiro infinitamente rico, persiste por nós. Isso é o que me dá paz. Além disso, se agrada ao Senhor, com uma obra que exige em torno de 44.000 libras ao ano, fazer-me agir novamente, no anoitecer de minha vida, como agi de agosto de 1838 a abril de 1849, não estou apenas preparado para isso, mas de bom grado passaria de novo por todas as provas de fé com relação aos recursos, se somente Ele, por meio disso, puder ser glorificado e Sua Igreja e o mundo possam ser beneficiados. Com mais e mais frequência esse último ponto tem passado em minha mente, e eu tenho me colocado na posição de não ter recurso algum restante e ter 2.100 pessoas, não apenas diariamente à mesa, mas com todas as outras necessidades a serem providas; e todas as verbas se foram. Tenho 189 missionários a serem auxiliados e nada que tenha restado; em torno de 100 escolas, com 9.000 alunos em média, para serem inteiramente sustentadas e recurso algum para elas em mãos; em torno de quatro milhões de panfletos e dezenas de milhares de cópias das Escrituras Sagradas anualmente agora para serem enviadas e todo o dinheiro foi gasto. Invariavelmente, entretanto, com essa probabilidade diante de nós, disse a mim mesmo: 'Deus, que ergueu esse trabalho por meu intermédio, Deus, que me guiou ano após ano para ampliá-lo, ainda auxiliará e não me deixará ser confundido, pois nele me apoio, entrego todo o trabalho ao Senhor, e Ele proverá para mim tudo o que preciso, também no futuro, embora não saiba de onde os recursos virão'.

"Assim, escrevi em meu diário em 28 de julho de 1874. O leitor agora se interessará em saber como passamos por essas circunstâncias.

"Quando cheguei a casa na noite passada (27 de julho), fui informado sobre as correspondências que haviam chegado e que continham 193 libras. Entre as cartas havia uma de um missionário em terras estrangeiras, subsidiado pelos recursos dessa Sociedade e que, tendo recebido certo valor em dinheiro, por conta da morte de um parente, enviou-nos 153 libras e 4 pence para missões estrangeiras. Nesta manhã, 28 de julho, mais 24 libras chegaram, de modo que, quando me encontrei, nesta tarde, com vários colaboradores para a oração em petição por recursos e várias outras questões, tais como bênção espiritual sobre vários objetivos da Sociedade, por mais chuva nesta estação tão seca, pela saúde de nossos companheiros trabalhadores etc., havíamos recebido, desde ontem à tarde, ao todo, 217 libras. Agradecemos a Deus por tal quantia e pedimos mais. Quando a reunião de oração se encerrou, a mim foi entregue uma carta da Escócia, contendo 73 libras, 17 xelins e 10 pence e uma folha com 13 xelins. Essa foi a resposta imediata à oração por mais recursos.

"12 de agosto. A receita para toda esta semana, desde 5 de agosto, foi de 897 libras, 15 xelins e 6 pence e meio.

"16 de setembro. Logo após ter orado pelo pagamento de títulos que haviam restado, eu dispunha de uma ordem de pagamento, que nos foi enviada para recebermos o valor de 1.800 libras.

"23 de setembro. A receita de hoje é de 5.365 libras, 13 xelins e 6 pence, dos quais 5.327 libras, 7 xelins e 6 pence nos foram enviados como doação. Que o Senhor seja louvado!"

Forte na fé e glorificando a Deus
Em 27 de março de 1881, George Müller deu-se conta de que dinheiro algum restava em mãos para os fundos da Escola, para as Bíblias, panfletos e missionários. Praticamente 1.400 libras foram gastas com essas ações durante o mês anterior. Ele escreve:

"O que deveria ser feito agora, caro leitor, sob estas circunstâncias, quando todo dinheiro para as ações mencionadas acima novamente se foi? Respondo que fizemos o que temos feito por 47 anos, ou seja: esperamos continuamente em Deus. Meus caros auxiliadores, em Bristol, e minha querida esposa e eu, na América, levamos nossas necessidades vez após vez diante do Senhor.

"Aqui nos Estados Unidos, além de nossa habitual oração diária por auxílio, tivemos, adicionalmente, momentos especiais, quatro, cinco e seis vezes ao dia para derramarmos nosso coração diante de nosso Pai Celestial e expor nossos pedidos a Ele, tendo a certeza de que o auxílio viria; e não esperamos no Senhor em vão. Tal plano pode ser desprezado por alguns, ridicularizado por outros e considerado insipiente por um terceiro grupo de pessoas, mas, sob todas as provas e dificuldades, percebemos que a oração e a fé são nosso remédio universal. E, após termos experimentado por meio século sua eficácia, nosso propósito, pela ajuda de Deus, é continuar esperando nele, para demonstrarmos ao mundo impiedoso e à Igreja cética que o Deus Vivo ainda é capaz de responder a orações , está disposto a fazê-lo e que é a alegria de Seu coração ouvir as súplicas de Seus filhos. No Salmo 9:10, o testemunho Divino com relação a Jeová é: 'Em ti, pois, confiam os que conhecem o teu nome...'. Nós o conhecemos, pela Sua graça, e, portanto, colocamos nossa confiança nele.

"27 de abril. Em 27 de março, não tínhamos quaisquer recursos em mãos para esses alvos, como afirmado sob esta data. Nós agora fomos ajudados por mais um mês, em resposta à oração e fomos especialmente supridos com tudo de que precisamos, embora isso tenha correspondido à quantia de 1.000 libras; e temos 23 libras, 8 xelins e 6 pence e um quarto restantes.

"29 de abril. Certo servo do Senhor Jesus, que, constrangido pelo amor de Cristo, procura acumular tesouros no Céu, tendo recebido uma herança de 532 libras, 14 xelins e 5 pence, doou-nos 500 libras para nossas despesas.

"28 de julho, 1881. Nossa receita tem sido, por certo tempo, apenas um terço das despesas. Consequentemente, tudo o que temos para o sustento dos órfãos praticamente se foi, e, para o primeiro de nossos objetivos da Sociedade, nada temos em mãos. A impressão natural é a de que agora o trabalho não pode seguir em frente. Mas EU CREIO que o Senhor nos auxiliará tanto com os recursos para os órfãos quanto também para as outras ações da Sociedade e que não seremos confundidos. Creio também que não será necessário desistir do trabalho. Tenho esperança plena de socorro e isso escrevi para a glória de Deus, para que seja registrado ulteriormente para o encorajamento de Seus filhos. O resultado será visto.

"O acima referido foi escrito às 7 horas da manhã de 28 de julho de 1881. Até o momento ainda temos recursos para suprir nossas despesas e espero que não venhamos a ser confundidos, embora ao longo de 7 anos nunca estivemos tão pobres."

O resultado, de fato, foi visto e será visto. Por mais de 20 anos desde que tais palavras foram escritas e George Müller assim registrou sua confiança no auxílio do Senhor, Deus TEM sustentado a obra, e em maio de 1902 houve um saldo de alguns milhares de libras em mãos, não obstante o fato de que mais de 500 libras foram recebidas e gastas desde que essa inserção foi feita no diário de Müller em 28 de julho de 1881.

Durante esses 20 anos, fé e paciência foram, em várias ocasiões, grandiosamente testadas:

"15 de agosto de 1881. O saldo para os órfãos está agora reduzido a 332 libras, 12 xelins e 7 pence, mais baixo do que esteve por mais de 25 anos. Essa soma que temos em mãos supre as despesas diárias correspondentes a 2.100 pessoas. Ela é suficiente apenas para os gastos de quatro dias e meio. Mas nossos olhos estão no Senhor. Eu recorro a meu Provedor celestial. A renda total de hoje foi 28 libras, 5 xelins e 2 pence e meio.

"22 de agosto. Parte de um título recebido há anos, 1.000 libras, foi pago como resposta a muitas orações.

"26 de fevereiro de 1882. O saldo em mãos hoje para os órfãos é de 97 libras, 10 xelins e 7 pence e meio, a saber, 24 libras a mais que as despesas médias de um único dia.

"2 de março. Nossa posição agora com relação ao trabalho com os órfãos é orar, dia a dia, da seguinte forma: 'Dá-nos hoje o pão nosso de cada dia'. Durante um tempo considerável tivemos que, diariamente, recorrer ao Senhor para suprir nossas necessidades diárias, mas Deus nos auxiliou até aqui.

"20 de abril de 1882. Quando em enorme necessidade, recebemos de Edimburgo 100 libras e a seguinte afirmação anexada: 'O conteúdo era destinado a uma herança, mas decidi enviá-lo ainda em meu tempo de vida.'

"3 de junho. De Wottan-under-edge, 500 libras. Uma entrega gloriosa foi essa doação e precioso penhor do que Deus faria posteriormente por nós.

"21 de outubro. Recebemos de Wotta-under-edge 1.000 libras. Deus, em resposta às nossas orações, falou com Seu amado filho e inclinou seu coração a enviar-nos mais do que antes. Assim o Senhor também dá prova de que, durante o ano anterior, quando estávamos tão escassos de verbas, fora apenas para testar nossa fé e paciência e não em ira; tampouco Ele planejava indicar por meio disso que não mais nos socorreria. De minha parte, havia expectativa de grande auxílio adicional de Deus e não fui confundido.

"17 de agosto de 1883. Nosso saldo nesta tarde foi reduzido a 10 libras, 2 xelins e 7 pence. Reflita nisto, caro leitor! Dia a dia, cerca de 2.100 pessoas devem ser providas na Sociedade dos Órfãos, e 10 libras, 2 xelins e 7 pence era tudo o que tínhamos em mãos para este fim. Veja que estamos exatamente na mesma condição, com relação aos recursos, em que estávamos há 46 anos. Deus é nosso banqueiro, nele nós confiamos e dele nos aproximamos com fé. Isso aconteceu no sábado. À noite, recebemos 30 libras. Na segunda-feira, recebemos 129 libras adicionais, mas ainda precisamos pagar 60 libras. Na terça-feira, recebemos 295 libras, mas precisamos pagar 180 libras. "Deus se agrada de continuar a variar Seu modo de agir conosco, para que não sejamos tentados a confiar em doadores, ou em circunstâncias, mas somente nele, mantendo o nosso olhar fixo nele. E, por Sua graça, somos capazes de fazer isso, e nosso coração é mantido em paz."

Cerca de 10 meses depois, quando o saldo em mãos era apenas de 41 libras e 10 xelins, pouco mais que a metade dos gastos diários, em média, com os órfãos, além de ações sanitárias recomendáveis a serem executadas, cujas despesas somariam mais de 2.000 libras, George Müller recebeu um montante de 11.034 libras e 6 xelins.

"7 de junho de 1884. Esta é a maior doação que já recebi em uma única vez. Esta soma estava em chancelaria há mais de 6 anos e ano após ano seu pagamento era esperado, mas permaneceu irresoluto pelo Tribunal de Chancelaria. Permaneci orando, entretanto, e por 6 anos orei todos os dias para que esse dinheiro fosse pago, crendo que Deus, em Seu próprio tempo (que sempre é o melhor), por fim nos ajudaria. Orei por muitos recursos retidos em chancelaria para que saíssem do tribunal, e assim o dinheiro eventualmente foi pago. No caso presente, também, após fé e paciência terem sido suficientemente exercitadas, Deus atendeu igualmente esse pedido."

1893. No 54.º relatório da Sociedade para Promoção e Conhecimento das Escrituras, Müller diz:

George Müller

"Os leitores do último relatório lembrarão sob quais provações financeiras específicas estivemos no último ano da Sociedade, de 26 de maio de 1892 a 26 de maio de 1893; mas confiamos em Deus, com confiança inabalável recorremos a Ele e tínhamos expectativa de que, de alguma forma, seríamos auxiliados. Enquanto assim prosseguíamos, meu coração permanecia em paz como de costume, tendo a garantia de que tudo isso fora permitido por Deus, para preparar uma bênção para milhares que, posteriormente, leriam o registro de Suas ações para conosco durante o ano de 26 de maio de 1892 a 26 de maio de 1893. Com referência a nossos caríssimos cooperadores, o Sr. Wright e eu já temos visto, enquanto passamos pela prova, como Deus também lhes tem concedido a bênção.

"30 de agosto de 1892. Nesta noite, enquanto lia os Salmos, deparei-me com o Salmo 131:10 e lembrei-me da obra do Espírito Santo em meu coração quando, lendo esse versículo em 5 de dezembro de 1835, e o efeito que ele teve, não apenas em guiar-me a fundar o maior Orfanato no mundo, pensei também na bênção que assim foi concedida a dezenas de milhares de cristãos e não cristãos em todo o mundo. Colocando, então, a Bíblia de lado, caí de joelhos e pedi a Deus que graciosamente se agradasse de repetir esta prévia benevolência e suprir-me novamente com recursos mais abundantes. Logo, em menos de meia hora, recebi 50 libras de um doador de Bristol e, de Redland, uma grande quantidade de peixe, em acréscimo a 97 libras já recebidas hoje como resultado de muita oração. Na última entrega, às 9 horas da noite, recebi, também, mais 5 libras e tinha, portanto, 152 libras ao todo como resultado de oração.

"11 de novembro. Hoje recebemos, nas primeiras duas entregas, somente 8 libras em média, mas o Senhor aumentou o saldo em mais de 200 libras neste dia. Eu jamais me desencorajo pelo pouco que recebemos, mas digo a mim mesmo e a meus auxiliares: 'Mais oração, mais paciência e mais exercício da fé trarão maior bênção'; pois assim descobri invariavelmente, desde outubro de 1830, agora já há 63 anos, quando iniciei essa vida de total dependência de Deus para todas as coisas.

"1.º de março de 1893. A arrecadação durante esta semana, que termina hoje, foi de 922 libras, 8 xelins e 8 pence e três quartos para os órfãos; e 9 libras, 11 xelins e 2 pence para outros fins, mas neste momento a grande prova de nossa fé fora quase levada ao extremo, como será visto a seguir.

"4 de março. Neste dia exato, Deus começa a responder às nossas orações, visto que recebemos uma oferta muito boa para o terreno que precisamos vender — 1.000 libras por acre. O início do dia foi mais obscuro, em aparência exterior, do que nunca, mas confiamos no Senhor para nos socorrer. As três primeiras entregas de cartas nos trouxeram apenas 4 libras, e as três restantes nos trouxeram tão pouco a ponto de o saldo de todo o dia ter sido de apenas 8 libras em vez de 90 libras, o que é o montante de que precisamos diariamente para suprir todos os nossos gastos. Mas Deus agora nos socorreu. Conseguimos, nesta noite, vender dez acres de terra e dois quintos de um acre ao valor de 1.000 libras o acre e receberemos, ao todo, 10.405 libras por todo um campo. O contrato foi assinado às 8 horas desta noite."

A partida de George Müller para estar com Cristo

Na noite de quarta-feira, 9 de março de 1898, George Müller participou da habitual reunião de oração que ocorria no orfanato número 3. Retirou-se em seu horário de costume para descansar e logo cedo na manhã seguinte (10 de março), sozinho em seu quarto, ao seu último fôlego, compreendeu o que há tempos era sua expectativa sobremaneira jubilosa: "Partir e estar com Cristo é incomparavelmente melhor".

14 de março. Neste dia, os restos mortais de Müller foram colocados na sepultura de suas primeira e segunda esposas, no cemitério de Vale de Arno. As consequências gerais decorrentes foram muito notáveis e interessantes à mente cristã, sobretudo como ilustração do princípio eterno de Deus: "...aos que me honram, honrarei...". O homem que, em vida, não buscou sua própria glória, tornou-se, na morte, aquele a quem todas as classes deleitaram-se em demonstrar respeito e honra.

Das massas de espectadores simpatizantes que enfileiravam-se nas ruas, dos olhos chorosos e pelas emissões audíveis de orações que escapavam dos lábios de observadores (muitos deles os mais pobres entre os pobres), enquanto os órfãos enfileirados passavam seguindo o carro fúnebre; da suspensão de todo o tráfego nas ruas principais, pelo soar de sinos abafados e as bandeiras a meio-mastro e das densas multidões no cemitério que aguardavam a chegada da companhia do funeral, era como se toda a cidade tivesse, espontaneamente, decidido honrar o homem que não tinha vivido para si mesmo, mas para a glória de Deus e o bem de seus companheiros.

Durante os 21 meses que antecederam a morte de George Müller, as provas de fé e paciência foram enormes. Sr. James Wright, sucessor de Müller, escreveu:

"Aquele que, em certos momentos, se agrada de ensinar Seus servos a 'como abundar', considera melhor para eles que em outros momentos 'sejam instruídos sobre como passar por necessidade'. Durante muitos dos 64 anos nos quais essa obra tem sido mantida, esse último ensino foi nossa experiência; tivemos abundância e a tivemos ricamente. Mas, recentemente, e em especial durante os últimos dois ou três anos, experimentamos exatamente o oposto. A necessidade premente tem sido a regra; um saldo em mãos, acima e além de nossas necessidades, a rara exceção. Contudo, nunca fomos abandonados.

"23 de setembro de 1897. Sobras da herança do falecido G. J., Esq.[10], 2.679 libras 18 xelins e 7 pence. Esta soma foi recebida quando estávamos em profunda necessidade

---

[10] Título não oficial de respeito usado para denotar certo status social. Hoje em dia advogados e diplomatas nos EUA também utilizam essa abreviação depois do nome.

e após isso agradou-se o Senhor de permitir uma prova grandemente prolongada de fé e paciência; mas veja, caro leitor, Ele não nos decepcionou ou abandonou, como nunca o faz àqueles que realmente confiam nele. A alegria de tal livramento não poderia ser vivenciada sem a experiência da prova anterior."

26 de fevereiro de 1898. O registro a seguir, sob esta data, está anotado com a própria letra de George Müller:

"A receita hoje, nas duas primeiras entregas, foi de 7 libras, 15 xelins e 11 pence. Dia a dia, nossa grande prova de fé e paciência continua e assim tem sido, em média, por 21 meses; contudo, pela graça de Deus somos sustentados."

1.º de março de 1898. O seguinte depoimento, mais uma vez, é de um memorando escrito pelo próprio Müller, sob esta data:

"Durante 21 meses, em média, com um raro ínfimo intervalo, a prova de nossa fé e paciência continuou. Agora, hoje, o Senhor revigorou nosso coração. Nesta tarde recebemos, para a obra do Senhor, 1.427 libras, 1 xelim e 7 pence como parte do pagamento de uma herança da falecida Sra. E. C. S. Durante 3 anos e 10 meses, esse dinheiro estivera no Tribunal de Chancelaria Irlandês. Centenas de petições foram levadas ao Senhor com relação a ele e agora, finalmente, recebemos essa porção da herança total."

Assim o Senhor, em amor e fidelidade, revigorou grandiosamente o coração de Seu servo, apenas nove dias antes de levá-lo para estar com Ele em casa.

Perguntas para estudo bíblico

1. Leia Mateus 7:7-11.
2. Esta passagem promete dar ao requerente exatamente aquilo que ele pede? Por quê?
3. É possível que um filho pense estar pedindo pão, mas o pai saiba que na verdade se trata de uma pedra?

Perguntas para reflexão pessoal

1. Müller disse: "Ademais, se agrada ao Senhor, com uma obra que exige em torno de 44.000 libras ao ano, fazer-me agir novamente, no anoitecer de minha vida, como agi de agosto de 1838 a abril de 1849, não estou apenas preparado para isso, mas de bom grado passaria de novo por todas estas provas de fé, com relação aos recursos, se somente Ele, por meio disso, puder ser glorificado e Sua Igreja e o mundo possam ser beneficiados". Pense por um momento em quando você pediu "pão" e Deus lhe deu, em lugar disso, o que você considerava ser uma "pedra". Olhando para trás, como você veio a enxergar a providência de Deus nesse dar-lhe o que Ele lhe deu? Como o Senhor foi glorificado? Como isso afeta os pedidos que você faz hoje?
2. Müller afirmou: "Deus se agrada de continuar a variar Seu modo de agir conosco, para que não sejamos tentados a confiar em doadores, ou em circunstâncias, mas somente nele, mantendo nosso olhar fixo nele. E, por

Sua graça, somos capazes de fazer isso, e nosso coração é mantido em paz". Em que você está confiando hoje? Doadores e circunstâncias ou no Senhor? Qual é o *status* de seu coração agora com relação à paz?
3. Müller declarou: "Deus é nosso banqueiro, nele nós confiamos e dele nos aproximamos com fé". Faça um inventário de todas as áreas de sua vida, incluindo sua conta bancária, sua casa, seus pertences, sua família, seu emprego, sua saúde, sua segurança. O que você estaria disposto a perder? Imagine-se perdendo a totalidade de uma dessas coisas. Como você veria Deus em meio a isso? Agora imagine perder todas essas coisas. Em que se fundamentaria a sua fé em Deus diante de uma perda tão avassaladora?

Oração

Pai, eu sei que tu és o doador de todas as coisas, mas há certas ocasiões que o que acredito ser bom parece não corresponder àquilo que tu me concedeste ou não. Ajuda-me a buscar-te e recorrer a ti tanto como Doador quanto como a Dádiva, a encontrar minha esperança não naquilo que tu concedes ou não, mas na verdade de que tu és meu Provedor, meu Pai, minha dádiva e meu Salvador. O Senhor provê o que preciso e, se eu não tenho, posso ter confiança plena de que não preciso. Faz ruir em meu coração a idolatria a coisas. Derruba a idolatria a relacionamentos.

Arrasa a idolatria ao dinheiro e à segurança. Essa é uma oração ousada, e eu a faço com temor, em um segundo pronunciando-a com sinceridade e em outro temendo-a, mas peço olhos para enxergar quando o Senhor a responder. E peço que, como Müller, minha reação seja adoração a qualquer tempo. Em nome de Teu Filho. Amém.

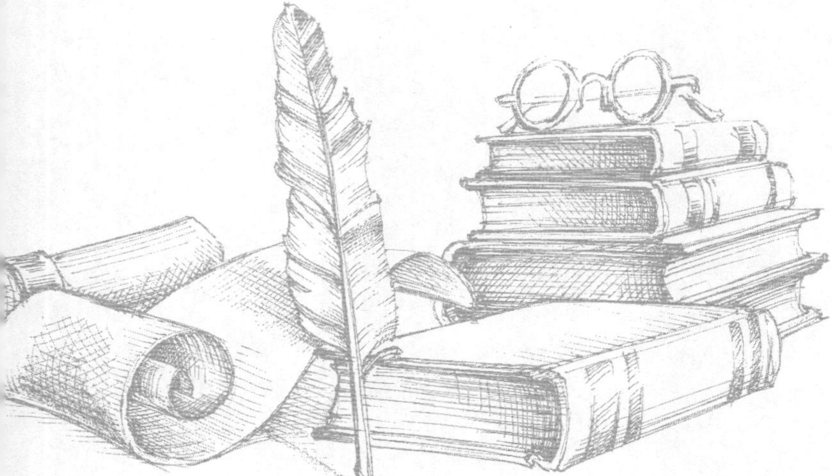

Apêndice A

CINCO CONDIÇÕES PARA A ORAÇÃO PREVALENTE

1. Dependência total nos méritos do Senhor Jesus Cristo e meditação nele, como sendo único fundamento de qualquer reivindicação de bênção (João 14:13,14; 15:16 etc.).

2. Afastamento de todo pecado conhecido. Caso considerarmos a iniquidade em nosso coração, o Senhor não nos ouvirá, pois isso seria sancionar o pecado (Salmo 66:18).

3. A fé na palavra de promessa de Deus confirmada por Seu juramento. Não crer nele é fazer do Senhor tanto um mentiroso quanto alguém que não cumpre promessas (Hebreus 11:6; 6:13-20).

4. Pedir em concordância com a Sua vontade. Nossas motivações devem ser piedosas; não devemos buscar dádiva alguma de Deus para consumi-la em nossos prazeres (1 João 5:14; Tiago 4:3).

5. Importunar na súplica. Deve ocorrer uma espera em Deus e por Deus, como o lavrador tem grande paciência em aguardar a colheita (Tiago 5:7; Lucas 18:1-8).

Apêndice B

A LEITURA CUIDADOSA E CONSECUTIVA DAS ESCRITURAS SAGRADAS

Com relação a esse assunto, George Müller diz: "Caí na armadilha em que muitos jovens cristãos caem: a leitura de livros religiosos em preferência à leitura das Escrituras. Eu já não conseguia mais ler romances franceses e alemães como anteriormente fazia, para alimentar minha mente carnal; mas ainda não havia preenchido o espaço deixado por esses livros, com o melhor de todos os livros. Eu lia panfletos, jornais missionários, sermões e biografias de pessoas piedosas. Esse último tipo de livro, considerei mais proveitoso que outros e, se tivessem sido bem selecionados, ou se eu não tivesse lido tanto de tais escritos, ou se alguns deles tratassem especialmente de enaltecer as Escrituras para mim, poderiam ter-me feito algum bem. Eu nunca, em momento algum de minha vida, tive o hábito de ler as Escrituras Sagradas; quando tinha menos de 15 anos, eu ocasionalmente as lia um pouco na escola. Posteriormente o precioso livro de Deus foi inteiramente deixado de lado de modo que nunca lia um único capítulo dele, até onde me lembro, até que Deus se agradou de iniciar uma obra de graça em meu coração. Agora o modo bíblico de raciocinar deveria ser este: o próprio Deus consentiu tornar-se o autor, e eu sou ignorante com relação a esse precioso livro que o Espírito Santo inspirou a ser escrito por meio da instrumentalização de Seus servos e que contém aquilo que devo saber e o conhecimento daquilo que me guiará à verdadeira felicidade; portanto, devo ler esse precioso livro incessantemente. Lerei sobremaneira esse Livro dos livros com seriedade, em postura de oração e o farei com muita meditação; e, nessa prática, devo permanecer todos os dias de minha vida, pois eu estava ciente, embora o lesse pouco, de que mal sabia alguma coisa sobre ele. Porém, em vez de agir dessa maneira e ser encorajado a estudar mais a Palavra de Deus por conta de minha ignorância sobre ela, minha dificuldade em compreendê-la e o pouco deleite que tinha nisso levaram-me a negligenciar tal leitura (pois ler bastante a Palavra com espírito de oração não concede simplesmente mais conhecimento, mas aumenta o deleite que temos em lê-la). Assim como muitos cristãos, eu praticamente preferi as palavras de homens não inspirados aos oráculos do Deus vivo pelos primeiros quatro anos de minha vida piedosa. A consequência foi que permaneci um bebê, tanto em conhecimento quanto em graça. Por experiência digo: pelo Espírito, todo conhecimento verdadeiro deve ser decorrente da Palavra. E como eu negligenciava a Palavra, fui, por quase quatro anos, de tal forma ignorante, que não sabia claramente nem mesmo os pontos fundamentais de nossa santa fé. E tal falta de conhecimento impediu-me, muito infelizmente, de caminhar consistentemente nos caminhos do Senhor. Pois ela é a verdade que nos liberta (João 13:31-32), ela nos liberta da escravidão da concupiscência da carne, da concupiscência dos olhos e da soberba da vida[11]. A Palavra assim atesta. A experiência dos santos assim comprova; e também minha própria vivência assim confirma determinadamente. Pois, quando se agradou o Senhor, em agosto de 1829, de levar-me verdadeiramente às Escrituras, minha vida e caminhada tornaram-se muito diferentes. E, embora desde então eu tenha ainda muito me distanciado do que poderia tornar--me, contudo, pela graça de Deus, tenho sido capacitado a viver muito mais próximo a Ele do que antes.

"Caso qualquer cristão que leia isto praticamente prefira outros livros às Escrituras Sagradas e desfrute dos escritos de homens muito mais do que da Palavra de Deus, que seja ele alertado por minha perda. Considero a Bíblia um meio para nos fazer muito bem, de modo que, se disso o Senhor se agradar, por meio da instrumentalidade de Sua Palavra, poderá levar alguns de Seu povo a não mais negligenciar as Santas Escrituras, mas a dar-lhes

---

[11] 1 João 2:16

a primazia que antes conferiam aos escritos de homens. Minha aversão a aumentar o número de livros existentes teria sido suficiente para me dissuadir de escrever estas páginas, caso não tivesse sido convencido de que essa é a única forma pela qual os irmãos em geral podem ser beneficiados por meio de meus erros e falhas; e, sendo influenciados pela esperança de que, em resposta às minhas orações, a leitura de minha experiência possa ser o meio para guiá-los a valorizar as Escrituras mais elevadamente e fazer delas a norma de todas as suas ações.

"Caso alguém me pergunte como deve ler as Escrituras mais proveitosamente, eu aconselharia:

"1. Acima de tudo deve-se buscar estabelecer em sua mente que somente Deus, por Seu Espírito, pode nos ensinar e que, portanto, como Deus será consultado para bênçãos, convém a quem lê Sua Palavra buscar a bênção de Deus prévia à leitura e, também, enquanto se lê.

"2. Ademais, deve estar estabelecido em sua mente que, embora o Espírito Santo seja o melhor e mais suficiente professor, Ele nem sempre ensina imediatamente quando desejamos e que, portanto, poderemos precisar suplicar a Ele, vez após vez, por uma explicação de certas passagens. No entanto, Ele certamente nos ensinará ao fim se, de fato, estamos buscando a luz com espírito de oração, paciência e tendo em vista a glória de Deus.

"3. É de imensa importância para a compreensão da Palavra de Deus lê-la em sequência a fim de que possamos ler, todos os dias, uma porção do Antigo Testamento e uma porção do Novo Testamento, continuando a partir de onde paramos previamente. Isso é relevante porque: a) Ressalta a conexão; e um percurso diferente segundo o qual usualmente seleciona-se capítulos específicos tornará praticamente impossível a compreensão de grande parte das Escrituras. b) Enquanto estamos no corpo, precisamos de uma mudança até mesmo nas questões espirituais, e tal mudança o Senhor proveu graciosamente na grande variedade encontrada em Sua Palavra. c) Tende a ser para a glória de Deus, pois abandonar um capítulo aqui e acolá é praticamente como dizer que certas porções são melhores que outras, ou que há certas passagens da verdade revelada que são deficitárias ou desnecessárias. d) Pode nos impedir, pela bênção de Deus, de pontos de vistas errôneos, dado que, na leitura regular ao longo das Escrituras, somos levados ao significado do todo e também impedidos de dar ênfase demais a certos conceitos prediletos. e) As Escrituras contêm a plenitude da vontade de Deus revelada e, portanto, devemos buscar lê-las de tempos em tempos através desse todo de Sua vontade revelada. Há muitos cristãos, eu receio, em nossos dias, que não leram nem mesmo uma vez a totalidade das Escrituras e, no entanto, se lessem apenas alguns capítulos todos os dias, em poucos meses alcançariam tal conquista.

"4. É também de grande importância refletir no que lemos de modo que talvez uma pequena porção disso que lemos, ou, se tivermos tempo, a totalidade do que lemos possa ser alvo de meditação ao longo do dia. Pode ser uma pequena porção de um livro, ou uma epístola, ou um evangelho, o qual separamos regularmente à meditação, considerando-a todos os dias, sem que, contudo, sejamos amarrados a esse plano.

"Descobri que comentários eruditos estocam na mente muitas noções e, frequentemente, também a verdade de Deus; mas, quando as Escrituras ensinam por meio da instrumentalidade da oração e da meditação, o coração é afetado. O primeiro tipo de conhecimento ensoberbece e é frequentemente abandonado quando um outro comentário oferece uma opinião diferente e, frequentemente também, para nada é de fato bom quando colocado em prática. Porém, o conhecimento que vem das Escrituras geralmente traz humildade, concede alegria, conduz a uma proximidade maior de Deus e não é facilmente excluído pela racionalização. E, tendo sido obtido de Deus e assim tendo entrado no coração e se tornado propriamente nosso, é também geralmente efetivado."

Apêndice C

PROVANDO A ACEITÁVEL VONTADE DE DEUS

É muito instrutivo e útil ver a maneira como George Müller usufruiu da aceitável vontade de Deus, quando exercitada no coração, com relação à ampliação do trabalho com órfãos, de modo que não apenas 300, mas 1000 órfãos fossem providos.

"11 de dezembro de 1850. O específico fardo de minha oração é, portanto, que Deus se agrade de ensinar-me Sua vontade. Minha mente também tem ponderado exclusivamente em como eu poderia conhecer a vontade do Senhor satisfatoriamente a respeito dessa questão. Certo estou de que serei ensinado, portanto desejo pacientemente esperar o tempo de Deus, quando Ele se agradará de iluminar meu caminho com respeito a esse ponto.

"26 de dezembro. Quinze dias transcorreram desde que escrevi o parágrafo anterior. Todos os dias, desde então, tenho continuado a orar sobre a referida questão e, pela ajuda de Deus, faço-o com uma boa medida de seriedade. Durante esses dias, mal se passa uma hora sem que, enquanto estou acordado, esse ponto não esteja, de certa forma, diante de mim. Mas tudo isso sem nem mesmo uma sombra de entusiasmo. Eu não converso com ninguém sobre isso. Até o momento não o fiz nem mesmo com minha querida esposa. Disso ainda me abstenho e trato somente com Deus a respeito dessa questão, para que nenhuma influência e nenhum entusiasmo exteriores me impeçam de alcançar uma descoberta clara de Sua vontade. Tenho a mais plena e pacífica certeza de que o Senhor me mostrará claramente Sua vontade. Nessa noite, eu tive novamente um momento solene de oração para buscar conhecer a vontade de Deus. Mas, enquanto continuo a rogar e suplicar ao Senhor para que Ele não permita que eu seja iludido quanto a isso, posso dizer que quase não tenho dúvida alguma restando em minha mente com relação a qual será a problemática, até mesmo de que deveria ir adiante nessa questão.

"Entretanto, como esse é um dos passos mais marcantes que já dei, julgo que não existe possibilidade de lidar com essa questão com excesso de cautela, espírito de oração e deliberação. Não tenho pressa alguma, poderia aguardar por anos pela graça de Deus, fosse essa a Sua vontade, antes mesmo de dar um único passo em direção a isso, ou até mesmo para falar com alguém sobre o assunto. Por outro lado, eu começaria a trabalhar amanhã, caso o

Senhor me ordenasse a fazê-lo. Essa serenidade de mente, esse não ter vontade própria na questão, esse desejo de apenas agradar a meu Pai Celestial nisso, essa busca exclusiva de Sua honra e não da minha, esse estado de coração, eu digo, são a mais plena certeza para mim de que meu coração não está sob um entusiasmo carnal e que, se for auxiliado, assim continuarei. Eu conhecerei a vontade de Deus em sua plenitude. Mas, enquanto assim escrevo, não posso evitar acrescentar, ao mesmo tempo, que almejo a honra e o glorioso privilégio de ser mais e mais usado pelo Senhor. Muito servi a Satanás em meus anos de juventude e desejo agora, com toda minha força, servir a Deus durante os dias restantes de minha peregrinação terrena. Tenho 45 anos e 3 meses de idade. Diariamente reduz-se o número de dias que tenho para permanecer na Terra. Portanto, desejo, com toda minha força, trabalhar. Há vastas multidões de órfãos que precisam de provisão.

"Desejo que assim seja mais abundantemente manifesto que o Senhor ainda ouve e responde a orações e que Ele é agora o Deus vivo que sempre foi e sempre será, quando Ele, simplesmente em resposta à oração, tiver consentido prover-me uma casa para 700 órfãos e com recursos para sustentá-los. Essa última consideração é o ponto mais importante em minha mente. A honra do Senhor é o meu principal objetivo em toda essa questão; e apenas por ser esse o caso, seja o Senhor mais glorificado por eu não avançar nesse negócio. Por Sua graça, eu ficaria sublimemente contente em desistir de todas as conjecturas sobre outro orfanato. Certamente, em tal estado de espírito, obtido pelo Espírito Santo, tu, ó meu Pai Celestial, não permitirás que Teu filho seja enganado, muito menos que seja iludido! Pelo auxílio de Deus, continuarei adiante, dia a dia, a esperar nele em oração a respeito disso até que Ele me ordene agir.

"2 de janeiro de 1851. Uma semana atrás, escrevi o parágrafo anterior. Durante essa semana, ainda tenho sido auxiliado, diariamente, e mais de uma vez todos os dias, a buscar orientação do Senhor com relação a outro orfanato. O fardo de minha oração ainda tem sido que Ele, em Sua grandiosa misericórdia, impeça-me de cometer um erro. Durante a última semana, o livro de Provérbios tem surgido no percurso de minha leitura bíblica, e meu coração tem sido renovado com relação ao referido assunto pelas seguintes palavras: 'Confia no SENHOR de todo o teu coração e não te estribes no teu próprio entendimento. Reconhece-o em todos os teus caminhos, e ele endireitará as tuas veredas' (Provérbios 3:5,6). Pela graça de Deus, eu, de fato, o reconheço em meus caminhos e nessa questão em particular. Tenho, portanto, a certeza confortável de que o Senhor endireitará minhas veredas com relação a essa parte de meu serviço, se devo ou não me ocupar dele. E ainda: 'A integridade dos retos os guia; mas, aos pérfidos, a sua mesma falsidade os destrói' (Provérbios 11:3). Pela graça de Deus, sou íntegro nesse negócio. Meu propósito honesto é obter glória para Ele. Portanto espero ser guiado acertadamente. E também: 'Confia ao SENHOR as tuas obras, e

Provando a aceitável vontade de Deus

os teus desígnios serão estabelecidos' (Provérbios 16:3). Eu, de fato, confio ao Senhor minhas obras e, portanto, espero que meus desígnios sejam estabelecidos. Meu coração está, mais e mais, chegando a uma certeza serena, calma e estabelecida de que o Senhor consentirá em ainda usar-me ainda mais na obra com órfãos. Aqui está Seu servo, Senhor!"

George Müller listou oito razões contra e oito razões a favor do estabelecimento de outro orfanato para 700 órfãos.

A seguir, sua última razão em favor de empreender tal obra:

"Estou em paz e feliz, espiritualmente, com a perspectiva da ampliação da obra como em ocasiões passadas quando assim tive que fazer. Isso tem peso especial para mim como uma razão para ir adiante. Depois de toda a consideração serena, calma e em oração sobre o assunto durante oito semanas (em média), estou em paz e feliz espiritualmente, com o propósito de ampliar o campo. Isso, depois de toda a sondagem de coração que tive e da oração diária para impedir-me da ilusão e do erro quanto à questão e do dirigir-me à Palavra de Deus, não seria o caso, eu julgo, não tivesse o Senhor a determinação de consentir em usar-me mais do que nunca nesse serviço.

"Portanto, tendo como base as objeções respondidas e essas oito razões A FAVOR da ampliação do trabalho, chego à conclusão de que é a vontade do bendito Deus que Seu pobre e, sobremaneira, indigno servo deva, ainda mais extensivamente, servi-lo com essa obra, que ele já está realmente disposto a executar.

"24 de maio. Da época em que comecei a escrever o que percorria a minha mente em 5 de dezembro de 1850 até o dia de hoje, mais 92 órfãos foram inscritos e 78 já aguardavam admissão. Mas esse número aumenta rapidamente conforme o trabalho se torna mais e mais conhecido.

"Com base no que foi registrado acima, proponho-me a ir adiante nesse serviço e a procurar construir, para louvor e honra do Deus vivo, outro orfanato, grande o suficiente para acomodar 700 órfãos.